우리 동네 요괴전

초판 1쇄 발행 2022년 11월 30일

글 양정화　　**그림** 박범희
펴낸이 정혜숙　　**펴낸곳** 마음이음

책임편집 여은영　　**디자인** 김세라
등록 2016년 4월 5일(제2016-000005호)
주소 03925 서울시 마포구 월드컵북로 402, 9층 917A호(상암동 KGIT센터)
전화 070-7570-8869　　**전자우편** ieum2016@hanmail.net
블로그 https://blog.naver.com/ieum2018

ISBN 979-11-92183-48-0　73380
　　　　979-11-960132-3-3 (세트)

ⓒ 양정화, 2022

* 이 도서는 한국출판문화산업진흥원의 '2022년 우수출판콘텐츠 제작 지원 사업' 선정작입니다.
* 이 책의 내용은 저작권법의 보호를 받는 저작물이므로 무단전재와 복제를 금합니다.
* 책값은 뒤표지에 있습니다.

어린이제품안전특별법에 의한 제품표시
제조자명 마음이음　　**제조국명** 대한민국　　**사용연령** 11세 이상 어린이 제품
KC마크는 이 제품이 공통안전기준에 적합하였음을 의미합니다.

우리 동네
요괴전

양정화 글 | 박범희 그림

마음이음

작가의 말

방방 골골 우리 요괴를 찾아서

우리나라의 이야기를 알리는 일을 하면서, 새롭고 다양한 존재들을 알게 되었다. 바로 우리 땅에서 아주 오랫동안 살아온 우리나라 요괴들이다.

한국 신화를 공부하기 전에는 다른 나라의 요괴들이 펼치는 흥미진진한 이야기들을 부러워했다. 상상 초월로 무한궤도를 달리는 우리 요괴, 더 신나고 더 기발한 짓을 저지르는 우리 요괴가 많다는 것을 전혀 모른 채. 도깨비, 구미호, 이무기만 있는 줄 알았던 우리나라는 알고 보니, 엄청나게 다양한 요괴들이 방방 골골 득실거리는 멋진 나라였다. 요상하고 무서운 생김새, 상상을 초월할

능력, 무시무시한 기운으로 기괴한 사고들을 치는데 정말 입이 딱 벌어질 정도다. 이 요괴들은 사람들과 집에서 살기도 하고, 마을마다 골목마다, 개천과 논밭뿐만 아니라 바로 뒷산이나 때로는 큰 산속에서 한 자리씩 차지하고 있다.

더 신기한 것은 『조선왕조실록』과 같은 역사 기록에도 요괴가 등장하고, 옛 학자들의 책에서도 요괴들이 저지르는 짓을 찾아볼 수 있다. 뿐만 아니라 각종 고서적과 그림, 조각, 가면극과 인형극, 풍속 등에도 요괴들이 있다.

요괴 이야기를 찾으면 찾을수록 요괴에 정이 갔다. 우리나라를 지키는 거대 요괴도 있으니 누가 좋은 요괴이고, 누가 나쁜 요괴인지 알아 가는 재미가 있었다. 이런 신나는 일을 혼자만 알고 있을 수가 없었다. 그래서 요괴 이야기들을 하나, 하나씩 꺼내어 전해 주고 싶었다. 요괴 이야기를 한다니, 정말 신나는 일이다.

우리 요괴가 사람들에게 더 많이 알려지면 좋겠다. 그래서 더 깊은 이야기 골짜기와 더 오래된 시간 속에 숨어 있는 요괴를 찾아 오늘도 길을 떠난다.

요괴 수집에 나선
양정화

| 차 례 |

|작가의 말| 방방 골골 우리 요괴를 찾아서 • 6

•첫 번째 고개•

어이쿠! 대형 요괴다!
불사 요괴, 불가살이 • 12
부활 능력자, 삼두구미 • 22
숲을 업은 바다 요괴, 귀수산 • 35
한 많은 불 요괴, 깡철이 • 41
용왕의 아들, 이무기 • 50

•두 번째 고개•

으악! 창귀가 나타났다!
목소리 도둑, 장산범 • 60
창귀를 속인 노총각 • 67
창귀가 된 아이 • 72
변신 호랑이, 황팔도 • 77

세 번째 고개
집 안에도 요괴! 집 밖에도 요괴!
진실만을 말하는 노앵설 • 84
밥 도둑, 조마구 • 94
괴상하고 무서운 그슨새와 그슨대 • 102
천하무적, 철갑 비늘 이심이 • 109

네 번째 고개
구미호야, 구미호야, 뭐 하니?
작대기에 당한 둔갑 여우 • 116
여우 누이의 비밀 • 122
서낭고개 여우 • 128
절대 강자, 금강산 은여우 • 133
여우의 책과 선비 • 143

첫 번째 고개

어이쿠!
대형 요괴다!

어쩌자고 요괴가 나타나서 사람들을 못살게 구는지.
하늘에서 번쩍, 바다에서 번쩍, 산에서 번쩍 나타나
불을 지르고 물을 말려 버린다.
이쯤 되면 도술을 부리는 도사가 나타나서 해결해 줘야 하는데
도사도 무서워서 도망갔나?
그런데 요괴가 다 나쁜 놈은 아닌가 보다.
나라를 지킬 신비한 물건을 주는 요괴도 있고,
사람을 돕다 요괴가 된 신의 아들도 있다니 말이다.
누가 좋은 요괴이고, 누가 나쁜 요괴인지 잘 알아 둬야겠다.
큰 요괴만 찾아보니 참 크다.
얼마나 큰지 요괴들의 이야기를 잘 살펴보자.

전국 방방곡곡에 똑같은 방이 붙었어. 내용을 본 백성들은 놀라 입을 다물지 못했지.

**전국의 사찰을 모두 없애고,
승려들을 모조리 잡아들여라.**

조선을 건국하고 왕이 된 태조, 이성계의 명이였어. 새로운 나라를 세우면서 유교를 나라의 기반으로 잡고, 고려에서 숭배하던 불교를 없애 버리기로 한 거야.
"스님들을 모두 잡아간다니, 이게 무슨 말이래요?"
"앞으로는 절에 땅이나 노비도 바치면 안 된다는구먼."

"하긴 스님들의 행세가 어마하긴 했으니. 부정부패도 많았고……. 고려에서 떠받들던 스님들이 하루아침에 거지가 된 꼴이구먼."

사람들은 웅성웅성했고, 절에서는 난리가 났어. 새벽부터 병사들이 들이닥쳐서 스님들을 끌고 가려고 했거든. 싸움이라고는 한 번도 해 본 적 없는 스님들은 힘세고, 훈련 잘 된 병사들에게 끌려갔어. 눈치 빠른 스님들은 도망가기 바빴고 말이야.

한 스님도 재빨리 병사들을 피해서 도망쳤어. 절이 없는, 어쩌면 가장 안전할 수도 있는 누이네로 부지런히 도망쳤지. 누이 집에 도착하니 저녁이 되었어. 스님은 누이 집 문을 두드렸지.

"스님! 갑자기 저희 집에는 웬일이세요?"

"당분간 나 좀 숨겨다오."

누이는 깜짝 놀라면서 스님을 별채의 작은 방으로 모셨어. 오라비에게 사정을 들은 누이가 말했어.

"잘 오셨습니다. 남편이 나랏일을 하니 저희 집은 의심하지 않을 겁니다."

"미안하구나. 하지만 발각되면 너희가 더 큰 해를 입을 테니 며칠만 있다 떠나마."

"염려 마십시오. 당분간 여기에서 조용히 계세요. 무슨 소식이 들리면 알려드릴게요."

"고맙구나. 누이야."

그날부터 스님은 누이 집에 숨었어. 누이는 남편이 나가면 밥상을 들이며 동네에 퍼진 소문들을 알려 주었지.

"이웃 마을의 절을 불태웠다고 합니다. 사람들은 자신이 불자라는 말을 숨기고 있고요."

스님은 이 나라에서 불교가 사라질까 봐 걱정되었어.

그렇게 며칠이 지났고, 방에만 있으려니 스님은 여간 심심하고 답답한 게 아니었어. 하지만 누이가 피해를 당하면 안 되니 방문도 열어 보지 못하고 가만있었어.

누이가 차려 준 밥을 먹다가 밥알을 흘린 스님은 밥을 주워 먹으려다가 괜히 손끝으로 뭉갰지. 심심하던 참에 밥알을 둥글둥글 작게 만들고, 밥알 또 하나 합쳐 둥글둥글, 또 하나 합쳐 둥글둥글……. 까맣게 변한 동그란 밥알 뭉치에, 나무 문살에서 뜯어낸 나뭇조각을 꽂으니 꼭 작은 괴물처럼 보였지.

"몽글몽글 녀석아, 이쪽으로 기어가라. 저쪽으로 기어가라."

심심한 스님은 밥알괴물을 가지고 놀면서 시간을 보냈어.

그러던 어느 날, 먹고 자기만 해서 그런지 움직이다가 엉덩이 쪽에서 바지가 찢어지고 말았어. 스님은 실과 바늘로 꿰맸지. 바늘을 바닥에 놓는 순간, 몽글몽글한 밥알괴물이 후다닥 달려오네.

"요, 요괴 같은 녀석."

스님이 밥알괴물 머리를 손끝으로 톡톡 쳤어. 밥알괴물은 기분이 좋은지 으쓱으쓱거렸지. 기분이 좋아진 스님이 바늘 한 개를 더 주자 밥알괴물이 냉큼 받아 삼켰어.

그걸 본 스님이 이번에는 실을 내밀었지. 한데 실은 본 척 만 척도 않네. 천도 관심 없고 나무 문살 조각도 관심 없고, 쇠 아니면 쳐다보

지도 않아.

"네 놈은 쇠붙이만 좋아하는구나."

스님이 나머지 바늘을 주자 밥알괴물이 냉큼 달려와 한입에 삼켰어.

그때부터 이상한 일이 벌어졌어. 하루는 문고리가 없어지고, 다음 날에는 방문이 우당탕 나가떨어졌어. 깜짝 놀란 스님이 살펴보니 문경첩이 사라진 거야.

"이놈아, 문을 망가트리면 어떡하느냐!"

스님은 밥알괴물의 못된 장난을 꾸짖었어. 하지만 밥알괴물은 아양을 떨듯 스님의 손가락을 붙잡고 대롱대롱 매달렸어.

"네가 좀 커진 것 같구나."

손가락 한 마디만 했던 밥알괴물이 그새 손가락 한 개 정도로 커진 거야. 스님은 자세히 보려고 밥알괴물을 호롱불 가까이에 댔어. 그러자 밥알괴물은 괴로운 표정을 지었고, 몸을 버둥거리다 불에 몸이 닿았지. 밥알괴물은 불이 싫은지 연신 바들바들 떨었어. 깜짝 놀란 스님이 불에서 얼른 밥알괴물을 떼 냈어.

밥알괴물은 다시 방 안에서 뛰어놀았어. 스님도 안심하고 깊은 잠에 빠졌지. 참, 신기하지. 밥알로 만든 작은 괴물일 뿐인데, 함께 있으니 악몽도 불안함도 많이 줄고 잠도 잘 왔어.

문제는 밥알괴물의 장난이 점점 심해졌다는 거야. 숟가락과 젓가락을 먹어 치우더니 집 안의 쇠붙이를 있는 대로 다 먹어 치웠어.

집 안의 살림이 자꾸 사라지자 누이는 어리둥절해했지.

"우리 집도 그렇고, 집집마다 쇠로 만든 물건은 다 사라지고 있어요."

스님은 짐작이 갔지만 차마 밥알괴물에 대해서 누이에게 말할 수는 없었어. 밥알괴물이 종종 방에서 나갔는데, 스님은 방 안에만 있는 갑갑함을 알기에 모른 체했었어. 한데 남의 집 쇠붙이를 훔쳐 먹을 줄이야.

"크르릉, 크르릉."

한밤중이 되자 나갔던 밥알괴물이 돌아왔어. 스님은 밥알괴물을 노려보았지.

새카만 몸뚱이에 눈이 반짝이는 밥알괴물은 어느새 팔뚝만 했어.

"내가 도둑을 키웠구나. 이 집에서 당장 나가라!"

우물우물, 곧 울 것 같은 표정이더니 밥알괴물은 방 밖으로 뛰쳐나갔어. 갑자기 부엌에서 우당탕탕! 소리가 나고 "꺄악!" 누이의 비명 소리가 들렸어.

스님은 자신이 도망자라는 것도 모르고 얼른 부엌 쪽으로 뛰어갔지. 곧 몽둥이를 든 누이의 남편도 왔어.

와장창창! 헛간에서 무너지고 깨지는 소리가 들려왔어. 밥알괴물이 호미를 입에 문 채, 집 밖으로 도망가 버리네.

"소리가 커서 동네 사람들이 나와 볼지 모르겠네. 자네한테 미안하네."

스님도 누이네 집에서 도망치려고 했어. 그러자 누이가 오라비를 붙잡았지.

"오라버님, 남편도 압니다. 남편은 오라버니가 불편할까 봐 그간 모른 체하고 있었습니다."

"네, 형님. 힘들겠지만 저희 집에 계십시오. 세상이 바뀌었다고 한들 하루아침에 수많은 절과 스님들을 어떻게 할 수 있겠습니까?"

밥알괴물이 나타났다고 생각했는지, 다행히 이웃 사람들은 나와 보지 않았어. 스님은 그날 밤을 외롭고, 불안하고, 걱정하며 밤을 새웠어.

며칠 뒤, 난리가 났어. 이웃 마을, 건넛마을, 옆 마을에 웬 괴물이 나타나 쇠를 먹으려고 집집마다 들쑤시며 쑥대밭으로 만들었거든. 병사들이 잡으려고 해도 온몸이 무쇠처럼 단단해서 아무 소용없다지 뭐야. 오히려 병사들이 던진 창칼까지 먹어 치우고, 불화살을 쏘면 죽지는 않고 불붙은 몸뚱이로 길길이 뛰어다녀 동네를 불바다로 만든다는 소문이 파다했어.

뭘 해도 죽지 않자, 사람들은 밥알괴물을 불가살이라고 부르기 시작했어.

"부처의 수행을 게을리하면서 내가 요괴를 만들고야 말았구나."

스님은 편지 하나를 누이에게 건넸어.

"신세만 지고 미안하다. 나중에 나라에 큰 문제가 생기거든 펼쳐 보아라."

오라비의 목소리가 강경해서 누이는 더는 오라비를 붙잡지 못했어.

"부디 몸 성히 다니세요."

오라비는 떠났고 불가살이의 횡포는 점점 더 심해졌어. 불가살이는 나라의 큰 문제가 되어 왕의 귀에까지 들어갔지. 왕은 불가살이를 잡는 사람에게 큰 벼슬을 내리겠다고 하면서, 불가살이 소탕에 힘을 기울였어.

"오라버님이 주신 편지를 읽어 보세요. 나라에 문제가 생기면 보라고 하셨잖아요."

부부는 바로 편지를 보았어.

불가살, 불로 죽인다.

"불타는 쇳덩어리를 불로 죽인다……."
"더 뜨거운 불이라면 쇠를 녹여 버릴 수 있다는 말 같지 않아요?"

아내가 고민하는 남편에게 말했어. 이 사실을 남편은 왕에게 알렸고, 왕이 곧바로 병사들을 보내 주었지.

불가살이 잡기의 책임자가 된 남편은 사람들을 통솔했어.

"불가살이를 유인하게 쇠를 굴 입구에서 굴 안쪽으로까지 흩어 놓으시오. 바싹 마른나무들도 구하고, 굴 입구를 막을 큰 바위도 준비하시오."

남편의 지휘에 따라 병사들은 모든 준비를 끝내고 불가살이가 나타나기만을 기다렸어.

며칠이 지나자 땅이 진동하더니 불가살이가 나타났어. 전국을 돌아다니면서 얼마나 많은 쇠붙이를 먹었는지, 어느새 집채만큼 커져 있네!

"크르르~ 크으르릉."

불가살이는 굴 입구에 있는 쇠붙이를 홀라당홀라당 먹어 치우며 굴 안으로 들어갔어. 그걸 본 병사들은 재빨리 행동했지.

불가살이가 동굴 안으로 깊이 들어간 것을 보고, 불붙은 나무둥치를 굴속으로 집어던졌어. 굴 입구도 큰 바위로 단단히 막아 버리고, 틈새까지 진흙으로 겹겹이 막았어.

"크아아아앙!"

불가살이의 비명 소리가 크게 들리더니 시간이 지날수록 점점 작아졌어.

하루가 지나고 병사들이 굴 앞으로 다시 모였어. 불길이 얼마나 거셌는지 동굴은 밖에서 만져도 따뜻했고, 후끈한 열기도 아직 남아 있었어.

"바위가 완전히 식으면 바위 문을 열어 봅시다."

하루가 또 지나서야 열기가 사라졌어. 병사들이 바위를 밀어 내자, 남편은 쇳조각 하나를 동굴 안으로 힘껏 던졌어.

챙! 쇠가 바닥에 떨어지는 소리만 울렸어. 잠시 후, 남편과 병사들은 조심스럽게 굴로 들어갔어. 동굴 안은 아직도 뜨끈했고 불가살이는 녹아서 죽었는지 보이지 않았어.

"만세! 불가살이를 해치웠다!"

병사들이 함성을 질렀어.

누이네 부부는 왕이 내린 벼슬에 잘 먹고 잘살게 되었지. 누이네 부부는 스님인 오라비를 생각하며, 마음으로 오라비와 부처님께 감사 인사를 드렸어.

그 무렵 깊은 산속, 작은 암자에서 잠을 자던 스님이 벌떡 일어났어. 불가살이를 만든 스님이었지. 악몽을 꾸었는지 온몸이 땀으로 젖었어. 스님은 먹과 종이를 꺼내서 조심조심, 정성스레 그림을 그렸어.

쇠톱 같은 이빨, 두꺼운 눈꺼풀로 덮인 눈, 곰 같은 몸, 어른 팔뚝만 한 코, 호랑이처럼 무시하게 큰 네 발, 획획 휘두르는 꼬리까지. 불가살이를 그렸지.

스님은 자신이 만든 불가살이 그림을 한 번, 두 번 잘 접어서 베개에 넣고는 다시 잤어. 불가살이가 밥알괴물이었을 때부터, 옆에 불가살이가 있으면 악몽을 꾸지 않는다는 것을 스님은 알고 있었거든.

스님은 가끔 식량을 구해야 할 때, 마을에 가서 나쁜 기운을 쫓아내기를 바라는 사람들에게 처방으로 불가살이 그림을 그려 주기도 했어. 자신이 불가살이 덕분에 평안했던 마음을 가득 담아서 말이야.

이후로 사람들은 불가살이 그림을 베개에 넣어 악몽을 물리쳤고, 집으로 들어오는 악한 기운을 막기 위해서 굴뚝에 새겨 넣기도 해. 지금도 경복궁 아미산의 굴뚝과 경회루 돌난간에서 불가살이를 볼 수 있단다.

* 이 이야기는 우리나라 전국에서 전해지고 있으며, 즈선 후기 학자 조재삼의 『송남잡지』와 『한국구비문학대계』에서 살펴볼 수 있다.

부활 능력자, 삼두구미

    깊은 산골짜기에 터주골이 있다. 울창한 나무들에 빛조차 잘 들지 않는 터주골. 그 산 아래서 한 나무꾼이 땔감 나무를 해서 아랫마을 기와집에 팔았다. 나무꾼은 기와집 하인이 건넨 엽전으로 마을 장터에서 곡식을 산 후 터주골로 향했다.
    "얘들아, 아버지 왔다."
    나무꾼의 목소리에 방문이 열리더니 세 딸이 달려 나왔다.
    아버지가 지게를 벗자마자 딸들은 물을 떠오고, 갈아입을 옷을 챙기고, 아버지가 사 온 곡식으로 밥을 해 정성껏 상을 차렸다. 가난해도 행복한 가족이었다.
    다음 날, 새벽부터 아버지는 나무를 하러 산으로 올라갔다. 딸들이 시집갈 나이가 되었으니 돈을 더 많이 벌어야만 했다. 하지만 낡은 도끼로 나무둥치를 찍을 때마다 한숨이 나왔다. 나무하는 일이 점점 힘에 부쳤다.

"여보게."

오솔길 앞에서 한 양반이 나무꾼을 불렀다.

"누가 이곳에서 나무를 베어 가라고 허락했나?"

"예? 이 산의 주인입니까? 주인이 없는 산인 줄 알았습니다. 용서해 주십시오. 딸 셋을 혼자 키우는 데 바빠서 몰랐습니다. 한 번만 용서해 주십시오."

"가진 것 없이 살다 보면 그럴 수도 있지. 이번은 용서해 주겠네. 딸이 셋이라고 했는가?"

"예. 첫째를 시집보낼 돈을 마련하기 위해서 나무를 베고 있었습니다."

나무꾼은 혹시라도 나무 베는 걸 허락해 줄까 싶어서 어려운 사정을 주저리주저리 말했다.

"자네 딸을 내게 시집보내게. 마침 아내를 찾고 있는데 마땅한 여인이 없어서 고민하고 있었네. 어떤가?"

나무꾼은 질 좋은 비단 도포를 입은 양반을 힐긋 살펴보았다. 여태 좋은 옷, 좋은 음식 한번 먹지 못한 딸이 부잣집에서는 고생을 안 할 것 같았다.

"저는 좋습니다만 딸에게 물어보겠습니다."

"나는 시간이 없네. 그럼, 이 이야기는 없던 것으로 하세."

양반은 기분 상한 듯 말했다. 나무꾼은 당황해서 손을 내저었다.

"아이고, 나리. 아닙니다. 아비의 말이라면 따르는 아이들입니다. 당장 시집보내겠습니다."

"오 일 후에 자네 집으로 가겠네. 아무것도 준비하지 말고 딸만 보내게."

양반은 나무꾼에게 돈을 두둑하게 주었다. 나무꾼은 마음이 급해 얼른 집으로 달려갔다.

"첫째야, 미안하다만 내 맘대로 너를 시집보내기로 했단다."

나무꾼은 양반을 만난 일을 말해 주었다.

"전 괜찮아요. 양반집으로 시집가는 거잖아요."

첫째 딸은 아버지를 달랬다. 양반집에서 시집오라며 돈까지 주었으니, 아버지와 두 동생이 편하게 살 수 있다는 생각에 마음이 놓였다.

오 일은 금방 지나갔다. 점심때가 되자 양반이 나타났다. 양반은 집 안으로 들어오지 않고 문 밖에서 불렀다.

"여보게, 딸을 데리러 왔네."

첫째 딸은 가족에게 인사를 하고 양반에게 다가갔다. 힐긋 양반을 쳐다보니 주름 하나 없는 창백한 얼굴과 서늘한 눈빛에 왠지 무서움이 느껴졌다.

양반은 딸을 데리고 숲으로 들어갔다. 더 깊이 들어가자 대궐 같은 큰 기와집이 보였다. 첫째 딸은 깊은 산골에 있는 기와집이 이상했지만, 살 집에 도착했다는 것만으로도 안심되었다. 그런데 이상하게도 가족이나 일하는 사람이 하나도 보이지 않았다.

양반은 집 안 곳곳을 구경시켜 주었다. 방들에는 비단옷, 온갖 보석과 장신구, 값진 물건과 책들이 가득했다.

"뭐든지 마음대로 가지시오. 하지만 외출할 때는 반드시 내 허락을 받아야 하오."

양반은 이렇게 말하고는 나가 버렸다. 첫째 딸은 방들을 돌아다니면서 구경했다. 신기하고 좋은 물건이 가득했다.

"아버지와 동생들도 같이 왔으면 좋았을 텐데."

벌써부터 가족이 그리웠다.

양반은 아침에만 잠깐 얼굴을 내비치고 나갔다가 밤이 되어야 돌아왔다. 그런데 들어올 때면 깨끗하게 입고 나간 옷이 심하게 구겨져 있고, 이상한 냄새도 났다.

하루는 양반이 오더니 자기 팔 한쪽을 우두둑 뽑아서 내밀었다.

"이 집에 온 지 백 일이 지났으니 진짜 부부로 살 때가 되었소. 내가 올 때까지 내 팔을 먹고 기다리시오."

양반이 나가자 첫째 딸은 징그러운 팔을 던져 버렸다. 도망가려고 했지만, 대문이 잠겨 있고 담장은 너무 높았다.

"이를 어쩌면 좋아."

첫째는 두려워서 온종일 울었다. 점점 해가 지고 양반이 돌아올 시간이 다가왔다. 첫째는 양반의 팔을 천으로 둘둘 말아서 마루 널판 아래에 숨겼다.

"팔을 다 먹었소?"

첫째 딸은 떨리는 목소리를 진정시키고 억지로 미소 지었다.

"예……."

"그래? 그럼, 확인해 보겠소. 팔아, 내 팔아. 어디에 있느냐?"

"여기에 있습니다."

방문 바깥의 마루 아래에서 팔이 대답했다. 첫째 딸은 기겁하며 그 자리에 주저앉았다.

"잘못했습니다. 사람의 팔을 어떻게 먹으라는 건지……. 도저히 먹을 수가……."

첫째 딸이 말을 더듬으며 사정했지만, 양반은 첫째 딸을 죽이고 마루 널판 아래에 묻었다.

그 무렵, 나무꾼과 여동생들은 언니 소식을 궁금해했다. 나무꾼은 혹시라도 사위가 지나갈까 봐, 사위를 만난 곳에서 매일 나무를 주워 갔다.

며칠이 더 지났고, 아침부터 산으로 간 나무꾼은 딸이 간 길을 바라보고 있었다. 그런데 저 멀리서 사위의 모습이 보였다. 나무꾼이 반가워서 얼른 뛰어갔다.

"아내가 친정 나들이를 원하는데, 선물이 많아서 혼자 들고 올 수가 없소. 둘째 딸과 나눠 들고 오겠다고 하니 지금 둘째 딸을 보내시오."

느닷없는 요구였지만 사위라 해도 양반인지라 거절할 수가 없었다.

"예. 조금만 기다려 주십시오."

나무꾼은 집으로 달려가서 둘째 딸에게 말했다. 그러자 둘째 딸은 기뻐하면서 사위를 따라나섰다.

"짐이 많으면 형부께서 같이 들고 와도 될 텐데, 왜 둘째 언니를 부를까요?"

멀어져 가는 형부와 둘째 언니를 보며 셋째 딸이 물었다.

"양반이라 그런가 보다. 마을에 사는 양반들도 절대로 짐을 들지 않더구나."

둘째 딸은 언니를 만난다는 기쁨에 마음이 들떴다. 첫째 딸처럼 깊은 숲으로 들어가는 게 이상하다 싶었지만, 곧 눈앞에 나타난 고래 등 같은 기와집에 마음을 놓았다. 그런데 버선발로 뛰어나올 줄 알았던 언니가 보이지 않았다.

"언니가 어디에 있을까요? 저를 맞이할 줄 알았는데……."

"네 언니는 나와의 약속을 지키지 않고 도망갔다. 그러니 네가 내 부인이 되어라. 시키는 대로 안 하면 너를 죽일 것이다."

둘째 딸은 양반이 무서웠지만 말도 안 되는 소리에 말이 절로 나왔다.

"언니가 시집온 곳으로 내가 또 시집을 오다니요, 말도 안 됩니다. 저는 이만 돌아가겠습니다."

둘째 딸이 나가려고 하자 문이 밖에서 저절로 잠겼다. 둘째 딸은 주저앉아서 엉엉 울다가 정신을 차리기로 했다. 우선 양반의 말을 듣는 척하다가 도망칠 기회를 엿보아야 할 것 같았다.

다음 날 아침, 양반이 찾아왔다.

"내 말을 들을 것이냐? 여기서 바로 죽을 것이냐?"

"언니가 약속을 지키지 않았다면 언니 잘못이지요. 제 남편으로 모시겠습니다."

"그래, 그럼 나는 일하고 올 테니 너는 집 구경을 하고 있거라."

양반이 나가자 둘째 딸은 언니를 찾으려고 집 안 구석구석을 뒤졌다. 방마다 값비싼 물건들이 있었지만 눈에 들어오지 않았다.

"엄청난 재산을 가지고도 깊은 산속에 숨어 사는 걸 보니 흉악한 놈이 분명해."

해가 지자 양반이 들어오는 소리가 들렸지만, 다행히도 양반은 둘째에게 들르지 않았다.

다음 날 아침, 양반이 둘째가 있는 방으로 왔다.

"나를 믿겠다고 하니 나도 너를 믿어 보마. 내가 돌아올 때까지 이것을 먹어라."

양반은 팔 한쪽을 뚝 떼어 주고는 가 버렸다.

둘째 딸은 기절할 뻔했다. 징그러운 팔을 어떻게 할까, 하루 종일 생각하다가 대들보 위에 숨겼다.

"시키는 대로 다 먹었느냐?"

새벽녘에 돌아온 양반이 물었다.

"네. 먹었습니다."

"그래? 그럼 팔을 한 번 불러 보지. 팔아, 내 팔아. 어디에 있느냐?"

"저는 대들보 위에 있습니다."

말이 들리자마자 얼굴이 새하얘진 둘째도 죽음을 당하고 말았다.

"부인을 다시 구해야겠군."

양반은 손을 털털 털면서 중얼거렸다.

셋째 딸은 하루 종일 마루에 앉아서 언니들을 기다렸다.

"둘째 언니가 간 지 사흘이나 지났는데. 왜 이렇게 안 오지?"

그때 나무꾼이 허겁지겁 달려오고 있었다.

"막내야, 네가 언니 집에 다녀와야겠다. 언니들이 아프다고 하는구나."

셋째 딸은 숲으로 달려갔다. 그런데 양반은 급하게 온 사람 같지 않았다. 숨도 고르게 쉬고 옷매무새도 차분했다.

양반은 셋째 딸을 데리고, 첩첩산중에 대궐 같은 집으로 갔다.

'이렇게 큰 집에 사람이라고는 하나도 없고, 서늘한 기운만 도는 게 이상해.'

양반은 셋째 딸을 데리고 사랑방으로 안내했다. 언니들이 보이지 않자 셋째 딸이 물었다.

"언니들은 어디에 있습니까? 아픈데 의원은 아직 도착하지 않았습니까?"

"시끄럽다! 네 언니들이 내 돈을 훔쳐서 도망갔다. 그러니 네가 내 부인이 되어야겠다."

양반은 셋째 딸을 방에 가두고 나가 버렸다.

셋째 딸은 무서웠지만 언니들에게 일어난 일부터 알아내기로 마음먹었다. 그러기 위해서는 양반의 정체를 알아내야만 했다. 셋째 딸은 양반이 올 때까지 쉬었다. 힘이 있어야 맞설 수 있기 때문이었다.

밤이 되자 양반이 사랑방으로 왔다. 울고불고 난리일 거라고 생각했던 셋째 딸이 편하게 자고 있는 것을 보자, 고개를 갸웃거렸다.

"넌 왜 살려 달라고 울지 않느냐?"

"그렇게 해도 살려 줄 건 아니잖아요. 배가 고프니 우선 밥부터 먹도록 하지요."

당돌한 셋째 딸을 보면서 양반이 웃음을 지었다.

"그래. 나와 함께 살려면 그만한 배포는 있어야지."

"앞으로 남편으로 잘 모실 테니, 서로 속이는 일 없이 지내면 좋겠어요."

셋째 딸은 안방으로 거처를 옮기고, 밥도 잘 먹고 잠도 잘 자면서 지냈다. 집 안 구석구석 살피며 예쁜 옷으로 갈아입고, 장신구로 꾸미면서 즐겁게 지냈다. 물론 집 안에 있을지도 모를 언니들의 흔적을 찾기 위한 속임수였다.

"서방님, 왜 이제 오세요. 좀 더 일찍 들어오시면 안 돼요?"

언니들과 달리 셋째 딸이 웃으면서 반기고, 잘 챙겨 주니 양반은 진짜로 아내를 얻은 것처럼 마음이 편하고 좋았다.

셋째 딸은 밤에 돌아오는 양반에게서 썩는 냄새가 났지만 꿋꿋하게 참았다. 셋째 딸은 여느 날처럼 양반을 반기며 팔다리를 주물러 주었다.

"매일 고기반찬에 하얀 쌀밥을 먹으니 얼마나 좋은지 몰라요."

"그렇구나. 내일은 더 좋은 고기를 구해 오마."

"서방님은 뭐가 제일 싫어요? 싫어하는 걸 알아야 그걸 구해 달라는 말을 않죠."

"난 날달걀과 동쪽으로 뻗은 버드나무 가지와 무쇠 덩어리가 제일 싫다."

"별것도 아닌 것들이 왜 싫어요?"

"날달걀에 맞으면 몸이 굳어 버리고, 버드나무 가지에 맞으면 힘이 빠지고, 무쇠를 배에 올리면 일어날 수가 없어. 그러니 구해 달라는 말은 하지도 마라."

"아, 그렇군요. 달걀이 먹고 싶었는데, 그럼 날달걀 대신 닭을 좀 구해 주십시오. 닭고기가 먹고 싶습니다."

셋째 딸은 아무렇지도 않은 척 더 다정하게 행동했다. 그러자 양반은 옛날 부인들은 자기 말을 듣지 않아서 없애 버렸다는 말까지 해 주었다.

"우리가 매일 밟고 다니지만 아무도 못 찾을 거야. 킬킬킬!"

셋째 딸은 소름 끼치는 웃음소리에 이를 꽉 물었다.

몇 달이 지난 아침이었다. 다른 날과 마찬가지로 양반이 방으로 왔다.

"나를 얼마나 믿는지 알아보아야겠다. 내가 돌아올 때까지 이것을 모두 먹어라."

양반은 팔 하나를 뚝 떼어서 셋째 딸에게 주었다.

"버리거나 숨겨 봐야 소용없다. 살고 싶다면 먹어야 한다."

양반이 나가자 셋째 딸은 닭이 낳은 날달걀, 뒷마당의 버드나무 가지, 부엌에서 무쇠솥을 꺼냈다.

'이 팔은 어떻게 처리하지? 언니들은 팔을 먹지 않아서 죽었을 거야.'

셋째 딸은 불을 피워 팔을 바싹 구운 뒤, 돌절구로 찧어 가루로 만

들었다. 싹싹 쓸어서 작은 주머니에 넣고 천으로 돌돌 말아서 배에 단단히 감았다.

해가 지자 양반이 돌아왔다. 아침에 팔을 뽑아냈던 자리에는 새 팔이 나 있었다.

"팔을 다 먹었는지 확인해 보겠소. 내 팔아, 내 팔아. 어디에 있느냐?"

"저는 여기에 있습니다."

셋째 딸의 배에서 소리가 났다.

"저를 못 믿으십니까? 시키는 대로 다 먹었다니까요."

"역시 너는 내 신붓감이다. 내 팔을 먹었으니, 너도 이제 삼두구미 땅귀신이 되었다."

"삼두구미 땅귀신이라고? 역시 네 놈은 사람이 아니었구나."

셋째 딸은 얼른 날달걀을 던졌다. 날달걀을 얼굴에 맞은 양반은 머리가 셋에 꼬리가 아홉 달린 본모습으로 변했다. 또 하나의 날달걀을 가슴에 던지자 삼두구미가 비틀거렸다. 셋째 딸이 연이어 날달걀을 던져 맞히자 맥없이 넘어졌다. 잽싸게 버드나무 가지로 양반을 마구 때리자 완전히 쓰러져 일어나지 못했다. 셋째 딸이 무쇠솥을 삼두구미 배에 올렸다. 삼두구미 땅귀신이었던 양반은 더 이상 힘을 못 쓰고 죽어 갔다.

"첫째 언니, 둘째 언니, 불쌍한 언니들! 어디에 있어요? 원수를 갚았으니 대답해 주세요."

셋째 딸이 큰 소리로 불렀다.

"막내야, 우린 여기에 있다."

언니들 목소리가 매일 드나드는 마루 밑에서 들렸다. 언니들은 죽어서 뼈만 앙상하게 남아 있었다. 셋째 딸은 치마에 뼈를 모두 담아 집으로 돌아왔다.

"아이고, 불쌍한 내 딸들아! 가난하고 무식한 이 아비가 죄인이로구나."

셋째 딸에게 이야기를 들은 나무꾼은 통곡하며 딸들의 뼈를 양지바른 곳에 묻어 주었다. 셋째 딸은 동쪽으로 자란 버드나무 가지를 한 아름 준비했다.

"아버지, 삼두구미 요괴를 완전히 없애야 해요."

셋째 딸과 나무꾼은 삼두구미 집으로 갔다. 그런데 으리으리한 기와집은 온데간데없고 다 쓰러져 가는 움막 하나만 있었다. 그때, 죽어 가던 삼두구미가 꿈틀꿈틀거렸다. 나무꾼은 버드나무 가지로 삼두구미를 때려서 죽이고, 그 자리를 불태웠다. 그러곤 완전히 타 버린 삼두구미가 다시는 살아나지 못하도록 삼두구미 뼈를 빻아 가루를 내어 바람에 흩날려 버렸다.

* 이 이야기는 제주도에서 전해지는 이야기로 오래전부터 묘를 옮길 때 지키던 절차와 관련된 설화이다.

숲을 업은 바다 요괴, 귀수산

"귀수산이 나타났다!"

동해의 수군 사령관인 해관 파진찬, 박숙청은 옷자락을 휘날리며 달려갔어. 과연 바다 한가운데 거북 모양의 큰 산이 천천히 떠다녔지.

"저쪽으로 가면 무엇이 있느냐?"

"감은사가 나옵니다."

감은사는 문무왕의 뜻을 이어 받은 신문왕이 지시하여 지은 절이야. 문무왕은 살아서는 동해가 보이는 곳에 절을 세워 불력으로 왜구를 격퇴시키겠다는 뜻을 품었었고, 죽어서는 용이 되어 나라를 지키겠다며 동해 바다에 왕릉을 마련했지.

"선대왕마마께서 보낸 사자가 온다는 전설이 사실이구나."

박숙청이 탄 배가 귀수산을 향해 갔지만 귀수산은 점점 멀어지더니

바닷속으로 들어가 버렸어. 귀수산은 가까이 가면 사라지고 멀리에 있으면 나타나곤 했어. 박숙청은 멀리서 밤새 귀수산을 지켜보았지.

> 동해에 귀수산이 나타났습니다. 거북 모양으로 등에는
> 산과 숲이 있어 거대한 산이 바다를 떠다니는 것 같습니다.
> 항상 동해 가운데서 감은사를 향해 다가가고 있습니다.
> 머리 꼭대기에 대나무가 자라는데, 그 모양새가 낮과 밤이 다릅니다.

박숙청의 보고를 받은 신문왕은 일관(좋은 날을 잡는 사람)을 불러들여 점을 쳤어.

"바다 용이 되신 선대왕마마와 천신이 되신 김유신 장군께서 귀수산을 통해 나라를 지킬 수 있는 보배를 보내 주심이 분명합니다. 직접 가셔서 받으셔야 합니다."

신문왕은 기뻐했어. 나라의 평안을 돕는 힘이 이토록 크니, 신라는 대대손손 안녕과 번성을 누릴 것 같았지.

> 멀리서 보면 바다 한가운데가 암초처럼 보입니다.
> 거북 모양으로 산세가 깎아지른 듯하고, 머리 꼭대기의 대나무는
> 낮에는 두 갈래인데, 밤이 되면 합쳐져 하나가 됩니다.

두 번째 보고를 받은 신문왕은 동해로 출발했어. 가는 길에 감은사에서 하룻밤을 보내고, 새벽에 귀수산이 보이는 바닷가에 도착해 수

평선 언저리에 떠 있는 귀수산을 지켜보았지. 해가 완전히 지자 신문왕은 배에 올랐어.

자시(밤 11시~오전 1시)가 되었을 때, 갑자기 천지가 진동하더니 갈라진 대나무가 하나로 합쳐졌어. 신문왕이 귀수산을 향하는데 비바람이 불고 천지가 어두워 앞을 볼 수가 없었지. 그러다가도 비바람이 멈추고 날씨가 평온해지는 날이 왔다갔다 칠 일 동안 반복되었어. 더 이상 지체할 수 없다고 생각한 신문왕은 바람이 잠잠해진 틈을 타서 바다로 나갔어. 신문왕이 귀수산에 오르자마자 갑자기 안개가 끼기 시작했지. 함께 배를 타고 갔던 군사들은 앞이 보이지 않아 귀수산에 오를 수가 없었어.

신기하게도 귀수산 위는 아주 맑았어. 험준한 산길과 울창한 숲길을 한참 걸어 올라갔지. 귀수산 꼭대기 즈음이었어. 갑자기 푸른 용이 나타나 투명한 눈동자로 신문왕을 뚫어지게 보았어. 용은 동해 바다만큼이나 새파란 빛을 뿜어냈지.

"그대를 기다렸소."

용은 검은 옥대를 내밀었고 신문왕은 옥대를 받아 허리에 둘렀어.

"어찌하여 대나무가 낮에는 두 갈래였다가 밤이 되면 하나로 합쳐집니까?"

용은 고개를 들어 귀수산의 머리 꼭대기를 보면서 말했다.

"하늘의 뜻과 바다의 뜻이 늘 하나같지는 않으니 하나가 되었다가도 둘이 되오. 한 손으로는 소리가 없으나 두 손으로는 소리가 나오. 그러니 두 뜻이 하나가 되는 순간에 대나무를 베어서 피리를 만드시오. 천하는 평화롭고 세상은 깨끗해질 것이오."

신문왕이 대답할 새도 없이 용은 사라져 버렸어. 신문왕은 허리에 두른 옥대를 만져 보았어. 조금 전에 용을 단난 것은 분명했지.

어느새 해가 지고 사방에 어둠이 깔렸어. 하늘에 떠 있는 달빛만이 길을 비췄지. 신문왕은 대나무가 있는 귀수산 머리 쪽으로 갔어. 신문왕이 힘겹게 대나무 앞에 다다른 순간, 두 갈래였던 대나무가 하나로 합쳐졌어.

우―우웅―.

대나무에서 맑은 소리가 퍼져 나왔고, 신문왕은 그 순간을 놓치지 않고 대나무를 잘라 냈어. 그러자 귀수산이 부르르 떨었고, 곧 거친 파도로 일렁이던 바다가 한없이 잠잠해졌지.

뭍으로 돌아온 신문왕은 감은사에서 하루를 묵으며, 동해의 용이 된 부왕을 추모했어. 해가 떠오르자 왕은 천천히 궁으로 향했지.

"아바마마!"

궁에 있던 어린 태자, 이공이 아버지를 마중하러 오고 있었어.

"아바마마, 못 보던 옥대입니다."

태자는 신기한 듯 옥대를 어루만지더니 놀란 목소리로 외쳤어.

"아바마마, 이것은 인간 세상의 물건이 아닙니다. 바다 용입니다."

태자는 옥대의 장식 하나를 떼어 내더니, 냇가로 내려가 물에 담갔어. 그 순간,

크르릉! 콰르릉!

옥대 장식이 갑자기 용으로 변하더니 하늘로 날아올랐어. 사람들

은 한참 하늘을 올려다보았지. 이때부터 사람들은 용이 닿았던 개울을 용연, 옆에 있는 폭포는 용연폭포라고 부르기 시작했어. 궁으로 돌아온 신문왕은 귀수산에서 가지고 온 대나무로 피리를 만들어 월성 천존고에 보관했지.

어느 해, 바다 건너 왜구가 침입했어. 피리를 불자 폭력으로 재물을 빼앗고 사람을 해치려는 마음이 사라져 돌아갔지. 이후 가뭄이 심할 때 피리를 불면 비가 내렸고, 긴 장마에는 비가 멈추었어. 이 피리를 불면 모두가 평온해졌지. 그래서 왕은 거센 파도를 잠재우는 피리라는 뜻으로 '만파식적'이라고 이름을 붙였단다.

* 귀수산은 문무왕 및 만파식적 설화와 더불어 고려 후기 승려 일연의 『삼국유사』에 실려 있다.

한 맺힌 불 요괴, 깡철이

깜깜한 밤, 깊은 산속에 있는 운문사의 어둠은 더욱 진했다. 스님들도 잠들었는지, 요사채의 촛불도 모두 꺼졌다. 둥근 달만 대웅전 앞마당을 환히 비추고 있었다.

끼이익, 탁.

캄캄한 요사채에서 방문이 열리더니 누군가가 밖으로 나왔다. 움직임에도 발자국 소리 하나 나지 않았다. 상좌 스님(가르침을 받는 제자 스님)이었다.

상좌 스님은 일주문 밖으로 나와 어두운 숲길을 걸어갔다. 시원한 밤바람을 맘껏 들이쉬면서 하늘을 올려다보았다. 나무 사이로 총총히 떠 있는 별이 보였다.

"오늘은 기운이 좋구나."

상좌 스님은 옷을 벗고 계곡 물속으로 들어갔다. 차가운 물이 몸에 닿자 기분도 좋아졌다. 가장 깊은 곳으로 들어가 완전히 잠긴 채 나오지 않았다. 한참 만에 수면이 일렁이더니 상좌 스님이 조용히 물 밖으로 나왔다.

"겨울내 비가 내리지 않더니 물이 많이 줄었구나."

상좌 스님은 옷을 챙겨 입고 절로 돌아왔다.

새벽이 되자, 우렁찬 범종 소리가 산골짜기에 울려 퍼졌다. 대웅전에서는 스님들이 새벽 예불을 드리고 있었다. 어느새 상좌 스님도 그 사이에 앉아 있었다. 해가 떠오르자 상좌 스님은 마당을 쓸고, 산에서 마른나무 둥치를 해다 공양간 뒤에 차곡차곡 쌓았다. 시간이 되면 법복으로 갈아입고 예불을 드리고 수행을 하면서 하루하루를 보냈다.

다음 보름달이 뜰 날이 며칠 남지 않았다. 요사채의 불이 모두 꺼지자 상좌 스님이 방문을 열고 나왔다. 그 다음 날에도, 그 다음 날에도 상좌 스님은 한밤중에 몰래 나갔다가 돌아왔다.

보름달이 떴다. 상좌 스님은 하늘을 보고 곧장 계곡으로 갔다. 그런데 오랫동안 비가 내리지 않아서 계곡물이 훨씬 줄어들었다. 상좌 스님이 계곡물을 바라보더니 옆에 있는 나무둥치를 뽑았다.

콰르르륵! 우두두두!

상좌 스님이 나무둥치로 계곡 바닥을 여러 번 훑어 냈다. 곧 물길이 막히고 돌이 쌓였다. 그러자 전보다 더 깊고 넓은 웅덩이가 되었다.

상좌 스님은 물속으로 들어가 천 년 동안 기다렸던 순간을 맞이하려고 했다. 허리까지 들어가자 몸이 서서히 변하기 시작했다. 머리까지 물속으로 들어가기 위해 한 발 더 내딛으려고 할 때였다.

"이놈! 무얼 하느냐? 네 한 몸 위해서 흘러야 할 물길을 막았느냐?"

갑작스런 호통에 상좌 스님은 깜짝 놀랐다. 주지 스님(절을 이끄는 스님)이었다. 지금까지 아무도 모르는 줄 알았던 상좌 스님은 눈을 휘둥그레 떴다.

"밤마다 빠져나가더니 이런 짓을 하고 있었구나!"

주지 스님의 목소리가 계곡에 쩌렁쩌렁 울렸다. 그런데 부끄러워할 줄 알았던 상좌 스님이 날카로운 이빨을 드러냈다.

우르르 쾅! 쾅!

구름 한 점 없던 밤하늘에 짙은 먹구름이 몰려오더니 천둥 번개가 요란스러웠다. 그 순간 상좌 스님이 시퍼런 기운에 휩싸이더니 거대한 이무기로 변했다. 이무기는 괴로운 듯 몸을 비틀고 떨었다. 날카로운 발톱으로 가슴을 긁다가 갑자기 주지 스님을 노려보았다. 이무기의 눈이 이글이글 불타올랐다. 절에서 수행하는 상좌 스님인 줄 알았는데 사람이 아니었다.

"너만 아니었으면 용이 되어 승천했을 것이다. 어리석은 인간 때문에 부정을 타 천 년 동안 수행한 보람이 사라졌구나."

무섭게 달려드는 이무기에 주지 스님은 뒷걸음질 치다가 넘어지고 말았다. 주지 스님이 일어나기도 전에 이무기가 뾰족한 발톱으로 꾹 눌렀다.

"요망한 인간 때문에 내가 깡철이가 되었으니, 매년 이맘때엔 네가 무슨 짓을 했는지 알게 될 것이다."

깡철이가 된 상좌 스님은 길고 긴 꼬리로 산을 내리쳤다. 산은 순식간에 두 동강으로 갈라졌다. 계곡이 조용해지고 주지 스님은 안도의 한숨을 쉬었다.

봄이 지나고 여름이 왔다. 그사이 주지 스님은 상좌 스님을 까맣게 잊었다. 어느새 가을이 지나고 겨울도 지나 다시 봄이 되었다.

마을에 갔던 스님이 주지 스님에게 달려왔다.

"큰일 났습니다. 며칠 전부터 마을에 불덩이가 날아다닙니다."

"불덩이?"

"긴 꼬리가 달린 불덩이가 동네와 들판에 날아다닌답니다. 비 올 날씨였는데 불덩이 때문에 모든 게 바짝바짝 말라 간답니다."

주지 스님은 깡철이가 된 상좌 스님이 떠올랐다.

'깡철이가 나타난 것인가.'

날이 갈수록 날아다니는 불덩이가 늘더니 결국 깡철이가 나타났다.

깡철이가 나타나려면 어김없이 강풍이 불고 우박이 떨어졌다. 깡철이가 지나가면 모든 것들이 바싹 말라 버렸다.

건넛마을에서는 폭풍과 번개가 돌아치더니 산에서부터 바다까지 불길이 이어졌다. 경상도 평야의 한 마을은 곡식, 풀과 나무, 집까지 타 버렸다. 서해안의 어느 마을은 사람과 가축이 다쳤다는 소문도 퍼졌다.

주지 스님은 깡철이가 나타났다는 마을에 갔다. 긴 꼬리를 가진 불덩이가 마구잡이로 마을을 불태우고 있었다.

'용이 되지 못한 한이 이리 컸구나.'

주지 스님은 여러 날 고민 끝에 마을 사람들을 불러모았다.

"깡철이가 나타나면 용님이라고 외치시오. 울화가 풀려서 멈출 수도 있습니다."

그날부터 사람들은 불덩이가 보이면 "용님! 용님!" 외쳤다. 그러자 불길이 근처를 휘익 돌더니 그냥 돌아갔다. 그러곤 얼마 지나지 않아 비구름이 몰려오더니 논밭에 촉촉한 비를 내려 주었다.

몇 달이 지나고 선선한 가을바람이 불었다. 해가 뜨자마자 마을 사람 몇이 주지 스님을 찾아와 하소연했다.

"스님! 깡철이가 또 나타났습니다. 아무리 용님이라고 외쳐도 돌아가지 않습니다."

"뭐라고?"

'깡철이의 한이 아직도 안 풀렸나. 추수를 앞두고 큰일이군.'

밤새 잠을 이루지 못한 주지 스님은 일찍 법당으로 갔다. 그때 문득 생각 하나가 떠올랐다.

'불덩어리 같은 놈이니 그리하면 되겠군.'

주지 스님은 마을 사람들을 이끌고 마르지 않은 연못이 있는 곳으로 갔다.

"한 무리는 굵고 마른나무를 구해 와 불기둥을 만들고, 한 무리는 연못 근처에 숨어 있으시오. 분명히 깡철이가 나타날 것이오. 내가 신호하면 알려 준대로 하시오."

하루하루 연못가를 살피니 과연 깡철이가 나타났다.

쿠르르릉!

시뻘건 불덩어리가 하늘을 돌더니 연못을 향해 날아왔다. 사람들은 숨을 죽이고 스님의 신호만 기다렸다. 뜨거운 바람이 불어오는가 싶더니 깡철이가 보였다.

불길을 휘감은 깡철이의 시뻘건 눈은 보기만 해도 타 녹아 버릴 것 같았다. 귀 밑까지 벌어진 입에는 칼날 같은 이빨이 번쩍였고, 콧구멍에서 나오는 뜨거운 열기에 숨이 막혔다. 깡철이는 날카로운 발톱에 채이는 거라면 모조리 뜯어 버렸다. 불꽃이 튀는 꼬리를 빙빙 휘감더니 연못으로 뛰어들었다.

그때, 스님이 신호를 보냈다. 사람들이 한꺼번에 불타는 나무를 연못 속으로 던지고 또 던졌다. 처음에는 피시시, 꺼지더니 자꾸 불덩이를 넣자 물이 부글부글 끓기 시작했다.

크앙~!

연못 속에서 굉음이 들려오자 사람들이 겁먹기 시작했다.

"불기둥을 더 넣으시오! 더!"

주지 스님의 말에 사람들이 정신을 차렸다. 연못이 불붙은 나무들로 뒤덮였다. 희뿌연 김이 솟아올라 마을 사람들은 뿌연 안개에 휩싸인 것 같았다. 깡철이는 죽었는지 조용했다.

"끝난…… 것인가."

주지 스님은 진땀을 흘렸고 사람들은 어리둥절해했다. 그때였다.

콰르르릉!

연못이 폭발하듯 터지더니 깡철이가 튀어나왔다. 겁먹고 나자빠진 사람들이 무릎을 꿇고 빌었다.

"용님! 용님! 제발 멈춰 주세요. 우리가 잘못했습니다."

"깡철아, 미안하구나. 네 마음을 헤아리지 못했다. 내가 부족한 탓이니 사람들은 용서해다오."

주지 스님도 고개를 숙였다. 분노한 깡철이가 주지 스님의 말에 멈칫하더니 마을을 휘돌다가 산 너머로 날아갔다.

며칠이 지나도 깡철이는 나타나지 않았다. 사람들은 안심하면서 논밭으로 나갔다. 망가진 농작물이었지만, 겨울을 지내기 위해서는 최대한 거둬 들여야만 했다.

"용은 비늘이 번쩍번쩍 빛나는데 깡철이는 비늘이 없었어."

"꼬리는 여러 갈래잖아. 그런 몸으로는 용이 될 수 없지."

"모든 생명인 물을 없애다니, 용이 되지 못한 한이 무섭구먼."

사람들은 둘 만 모여도 깡철이에 대해서 말했다.

해가 바뀌고 다시 봄이 왔다. 사람들은 비를 기다리며 땅을 갈고 씨앗을 꺼냈다.

우르르르릉—.

구름이 짙어지더니 굵은 빗방울이 후두둑 소리를 내면서 쏟아졌다. 이렇게 계속 내리면 며칠 후에는 씨를 뿌릴 수 있을 것 같았다. 그런데 밤이 되자 비가 뚝 멈추고, 밤하늘에 빛 하나가 움직이고 있었다. 가까워졌다가 다시 멀어지며 하늘을 휘도는 커다란 불덩이 같아 보였다.

"에휴, 또 깡철이가 나타나려나."

"마음으로나 빌어 보자고. 우리가 할 수 있는 게 이것뿐이니 원."

사람들은 잊어버렸던 깡철이를 생각했다.

"용님! 용님! 승천하는 용님! 제발 비를 내려 주십시오."

어떤 사람은 깡철이가 불 지른 것처럼 보이게 하려고, 마른풀을 모아서 불을 피우기도 했다.

"비다! 비가 다시 내리고 있어."

밤새 하늘을 휘돌던 불덩이는 보이지 않았다. 용님을 외친 덕분이었는지 그날부터 내린 봄비는 땅을 흠뻑 적셨다. 사람들은 콧노래를 부르며 밭에 씨를 뿌리고 논에 물을 댔다.

깡철이를 달랜 방법은 순식간에 이 마을, 저 마을로 퍼져 나갔다. 그때부터 사람들은 비가 내리지 않으면 깡철이를 생각했다. 그러곤 마을 입구에서 밤새 불을 피우고, 하늘을 향해 용님을 외쳤다. 그렇게 하고 나면 어김없이 비가 내렸다.

* 깡철이는 지역에 따라서 꽝철이, 강철이, 깡처귀 등으로 부른다. 깡철이 이야기는 조선 중기 문신 유몽인의 『어우야담』, 조선 후기 학자 이덕무의 『청장관전서』, 실학자 이익의 『성호사설』, 신돈복의 『학산한언』과 함께 『한국구비문학대계』 등에서 볼 수 있다.

용왕의 아들, 이무기

밀양 봉성사에 보양 스님이 있었는데, 많은 사람들이 스님을 존경하며 따랐어.

어느 해, 스님은 당나라에서 배를 타고 서해를 건너고 있었지. 평소에도 파도가 심하고, 회오리도 느닷없이 생겨서 뱃사람들이 바짝 긴장하는 바닷길이었어.

"용오름이다!"

소리치는 누군가의 말 뒤로, 정말 하늘에서 커다란 회오리가 몰아치더니 바다에 닿자 큰 용오름이 생겼네.

"노를 더 저어라! 이곳을 벗어나야 한다!"

선장이 노잡이들을 독촉했고, 용오름은 점차 배를 향해 다가왔어. 사람들은 기겁하면서 짐을 챙기고, 붙잡을 곳을 찾으면서 아우성이었지. 보양 스님도 긴장하고 배를 꽉 붙잡았어.

콰르르릉!

'당나라에서 배운 불법을 전하지 못하고 이렇게 끝인가. 이 또한 부처의 뜻이라면 어쩔 수 없지.'

하늘 신과 바다 신이 만나는 길이라는 용오름을 보며 보양 스님은 생각했어.

용오름이 배 앞까지 온 순간, 무언가 보양 스님을 번쩍 들어 바닷속으로 데려갔어. 그러자 성난 용오름이 사라지고 바다가 잠잠해졌지. 배에 있던 사람들은 어리둥절해하더니 이내 소리쳤어.

"큰일 났다. 스님이 바다에 빠지셨어!"

사람들이 배 주변을 살펴보았지만 스님을 찾을 수는 없었지. 배는 서둘러 육지를 향해 갔어.

시간이 얼마나 흘렀을까. 기절했던 스님이 정신을 차리고 보니 지금까지 한 번도 본 적 없는 신비한 곳이야.

"여기가 어디지? 분명히 바다에 빠졌는데."

보양 스님이 기억을 떠올리는데. 한 청년이 문을 열며 다가왔어.

"깨어나셨습니까?"

눈빛이 맑고 표정이 부드러운 청년이었지.

"저는 서해 용왕의 아들 이목입니다. 여기는 서해 용궁이고요. 스님께서 바다를 건너신다는 소식을 듣고, 아버님께서 스님을 모시고자 이런 일을 벌이게 되었습니다."

"저는 괜찮습니다만, 배에 있던 사람들은 어떻게 되었습니까?"

"사람들은 무사히 바다를 건넜습니다."

그 말에 보양 스님은 마음이 놓였어.

"아버님께서 기다리고 계십니다."

스님은 이목을 따라서 용무늬 기둥이 줄지어 있는 복도를 지나 화려한 자수가 놓인 비단이 드리운 중정으로 들어섰어. 그곳에는 서해 용왕이 용상에 앉아 있었지.

"어서 오시오, 보양 스님. 그대와 만나기를 참으로 기다렸다오."

"처음 뵙습니다. 용왕마마."

보양 스님이 인사를 올리자 서해 용왕은 용상에서 내려왔어.

용왕은 보양 스님을 이끌어 산해진미가 가득한 방으로 안내했어. 그곳에는 인간 세상에서는 볼 수 없는 진귀한 음식들이 차려져 있었지.

보양 스님은 용왕과 마주 앉아서 수행과 불법 정신에 대해서 이야기 나누었어. 시끄러운 인간 세상에서 수행자의 일이 얼마나 중요한지도 말했지.

"부탁이 있소. 내 아들 이목을 제자로 삼아 주시오. 스님의 가르침이면 이목이 잘 클 수 있을 것 같소."

보양 스님은 인간이 용왕의 아들을 가르치는 것이 옳은 일인가 싶었지만, 차마 거절할 수도 없었어. 결국 보양 스님은 이목을 데리고 봉성사로 갔지.

그때부터 이목은 낮에는 스승의 가르침에 따라 공부하고, 밤에는 계곡의 호박소에 들어가서 놀았어. 사람들과 함께하며 이야기를 듣고 나누는 것도 참 좋아했지.

몇 년이 지난 어느 해, 어찌된 일인지 비 한 방울 내리지 않고 맑은 날만 이어졌어. 사람들은 농사지을 비가 내리지 않아서 걱정이 이만저만이 아니었지. 당장은 연못의 물을 퍼서 땅을 적시고 겨우 씨앗을 뿌리긴 했어.

한 달, 두 달……. 시간이 가도 비가 안 오자 애가 탄 사람들이 보양 스님을 찾아왔어.

"스님, 비를 내릴 방법이 없을까요? 이대로 가다가는 농작물이 모두 죽어 버립니다."

보양 스님은 고민에 빠졌어.

'물을 다스리는 용이라면? 아니지. 사람이 부탁한다고 들어줄 리가 없지. 만약 들어준다고 해도 어려운 일이 생길 때마다 사람들이 이목을 찾을지도 몰라.'

보양 스님은 몇날 며칠 고민만 했어.

계곡물까지 말라 버리고, 농작물은 말라 죽고, 나무도 시들시들해졌지. 이러다 다 죽겠다는 생각에 보양 스님이 이목을 불렀어.

"더 이상 두고 볼 수가 없구나. 사람들을 위해서 비를 좀 내려다오."

스님의 마음을 잘 아는 이목은 난감했어. 약간의 구름은 움직일 수 있지만 비를 내리는 일은 달랐거든. 세상은 철저하고 예민한 이치에 따라 신들이 결정해. 그러니 가뭄도 다 이유가 있는 거지. 하지만 이

목은 모른 체하기에는 그간 정을 나누었던 사람들이 아른거렸어. 총총거리는 아이들도 눈에 밟혔지.

"제가 힘을 써 보겠습니다."

결국 이목은 인간들을 위해서 산에 올라가 구름을 모았어. 멀리 있는 구름을 끌어당기고, 새 구름도 만들어 냈지. 가진 힘을 모두 끌어올려 회오리바람을 일으키자 구름이 몰려들더니 하늘이 점점 어두워졌어.

툭! 두둑! 두두두둑! 쏴아~.

비가 메마른 들판을 적시고, 냇가에 철철 흐를 만큼 듬뿍 내렸어. 사람들, 가축들 모두가 기뻐했지.

그런데 천상은 발칵 뒤집혔어. 신들을 다스리는 천지왕이 이 사실을 알아 버리고 만 거야.

노기 띤 천지왕이 명령했어.

"벼락 장군은 이목에게 벼락을 내리고, 염라대왕에게 보내어 신의 이치를 어긴 벌을 삼천 억겁 동안 받게 하라!"

사람들과 함께 기뻐하던 이목은 무서운 기운이 다가오는 것을 느꼈어.

"스님, 저를 숨겨 주십시오. 천지왕이 저를 죽이려고 합니다!"

보양 스님은 깜짝 놀랐어.

"이목아, 너는 인간이 아닌 서해 용왕의 아들인데 너를 어떻게 죽인다는 말이냐?"

이목은 고개를 내저었어.

"세상의 이치를 흔드는 자를 벌하는 일에는 용왕의 아들도 피할 수 없습니다."

보양 스님은 자신 때문에 위험에 처한 이목에게 미안했어.

"다행히 내가 너를 도울 방법이 딱 한 가지 있는 것 같구나."

보양 스님은 이목을 데리고 어딘가로 향했어.

"내가 올 때까지 절대로 나오지 마라. 그래야 너도 살고, 나도 살고, 사람들도 산다."

이목이 고개를 끄덕였고, 보양 스님은 평소대로 예불을 드리고 불경을 공부했어.

"죄인 이목은 나오너라!"

벼락 장군이 이목을 불렀어. 이목을 찾는 목소리에 보양 스님이 문을 열고 나왔지.

"보양 스님, 죄를 지은 이목이 어디에 있는지 알려 주시오."

저승사자가 보양 스님에게 묻자 스님은 절 마당 끝에 있는 배나무(이목梨木)를 가리켰어.

"저기에 이목이 있지 않소."

벼락 장군이 배나무에 벼락을 내리치자, 순식간에 배나무가 불타서 쓰러졌지. 그 모습을 확인한 벼락 장군은 돌아갔어. 보양 스님은 아무 일도 없었다는 듯이 불경을 계속 읽었어.

다음 날 아침, 보양 스님은 이목이 숨어 있는 곳으로 갔어. 그곳은 밤이면 이목이 찾아가서 몸을 담그던 호박소였지. 호박소에는 계곡물이 바짝 말랐을 때만 보이는 동굴이 있었는데, 이목은 그 동굴에 숨어 있었어.

"저는 천상의 벌을 받았기 때문에 승천하지 못하고, 용궁으로 돌아갈 수도 없습니다. 이제부터 이 호박소에서 살겠습니다."

이목은 이무기로 변해서 호박소로 들어갔어. 이때부터 아무리 가뭄이 들어도 이무기가 지키고 있는 호박소의 물은 절대로 마르지 않는단다.

* 이 이야기는 경남 밀양 지방의 봉성사에 전해지는 전설이며, 고려 시대 김부식의 『삼국사기』에 기록되어 있다.

두 번째 고개

으악!
창귀가 나타났다!

호랑이는 용맹스러운 동물이다.
하지만 모든 호랑이가 용맹스러울까?
오늘 밤, 문 밖에서 가장 친한 사람이 나를 부른다면
문을 열어 주지 않을 수 있을까?
잘 생각해야 한다. 문을 열었다가는 장산범의 노예가 되어
영원히 벗어날 수 없는 창귀가 될 수도 있으니까.
그럼 호랑이에 얽힌 이야기를 통해서
위험을 피할 수 있는 방법을 미리 배워 두면 어떨까?

목소리 도둑, 장산범

"이보시오! 주인장 계시오."

해질녘, 문밖에서 부르는 소리가 들렸다.

"누구십니까?"

"지나가는 사람입니다. 날이 저물었는데 잘 만한 곳을 찾지 못했습니다. 하룻밤만 재워 주십시오."

집주인은 나그네를 위해 문을 열어 주었다.

"집이 누추한데, 이런 곳에서도 주무실 수 있다면 들어오시오."

집주인은 나그네를 방으로 들이고 소박한 밥상까지 차려 주었다.

"고맙습니다."

나그네는 밥그릇을 금방 비우고 고개를 들었다. 꽁꽁 싸맨 두건을 벗자, 얼굴에 길게 찢어진 흉터가 보였다. 주인은 무서운 생각이 들었지만 내쫓을 자신이 없어 작은방을 내주었다.

나그네가 무서워서 밤새 잠을 설친 집주인은 나그네가 새벽에 떠나가고 없기만을 바랐다.

"손님, 일어났습니까?"

불러도 대답이 없자 집주인은 마음이 놓였다.

"여기 있습니다."

집 뒤에서 불쑥 나그네가 나왔다.

"담장이 무너졌기에 좀 고쳤습니다. 재워 주신 것만도 고마운데 밥까지 주셨으니 뭔가 보답하고 싶어서요."

담이 무너진 지는 한참 되었는데, 다른 일을 하느라 고치지 못하고 있었다. 고친 모양새를 보니 아주 잘 고쳐 놓았다. 집주인은 흉터 때문에 험악해 보이던 나그네가 좀 달리 보였다.

"아이고, 고맙습니다. 시장하실 텐데 아침을 드시지요."

나물과 김치밖에 없지만 집주인은 오랜만에 함께 밥을 먹으니 좋았다.

"손님은 무슨 일을 하십니까?"

"팔도를 돌아다니면서 이 일, 저 일 합니다."

"하면 저희 집 일 좀 도와주시겠습니까? 일이 많아서 사람을 구할 참이었습니다."

"좋습니다."

나그네는 일솜씨가 좋고 손도 빨랐다. 그러자 동네에 소문이 쫙 퍼졌다. 성격도 좋아서 금방 사람들과 친해졌다.

하루는 여러 사람들과 일하던 중에, 집주인이 얼굴의 상처에 대해서 물었다.

"저희 집은 가난했습니다. 어릴 때부터 머슴살이를 하며 겨우 먹고 살았지요. 아버지가 위태롭다는 소식을 듣고 집으로 가는데 장산 아랫마을에서 밤을 맞게 되었지요."

"아니, 그곳은!"

이야기를 듣던 사람들이 놀랐고, 나그네는 고개를 끄덕였다.

장산에는 위험한 산짐승이 많기로 유명했다. 그래서 사람들은 밤에 혼자서는 산을 넘지 않았다.

"얼마 전, 이 마을로 시집온 색시를 초저녁에 범이 물어갔다오. 산을 넘을 사람들을 기다렸다가 무리지어 가시오."

마을 사람들이 나그네를 말렸지만, 제 얼굴도 못 보고 아버지가 돌아가실까 봐 나그네는 몽둥이 하나 들고 장산을 향했다. 장산 고개를 오르기 시작한 지 얼마 지나지 않았을 때였다.

"깔깔깔깔!"

웬 여자가 웃는 소리가 들렸다. 나그네는 시집온 여자가 물려 갔다는 이야기가 생각났다. 나그네는 무서워서 잽싸게 숨은 뒤, 소리가 나는 곳을 유심히 보았다.

웬 범이 여자를 앞혀 놓고 얼굴을 툭툭 쳤다. 그때마다 발발 떨던 여자는 정신이 나가서 깔깔거리며 웃었다.

나그네는 도망가고 싶었지만 여자를 구해야 할 것 같았다. 나그네는 얼굴에 흙을 잔뜩 묻히고, 몽둥이를 휘두르며 범에게 우다다 달려갔다. 막무가내로 덤벼 오는 무언가를 보고 범은 놀라서 도망갔다.

나그네는 여자를 마을로 데려갔다. 마을 사람들은 죽은 줄 알았던 며느리가 돌아오자 고마워했다. 며느리는 정신을 차리지 못하고 눈을 잠깐 뜨더니 이내 감아 버리곤 했다.

"크앙!"

커다란 범이 나타나 지붕을 뜯고, 며느리를 잡으려 방 안으로 발을 휘둘렀다. 성난 범을 보고 사람들은 도망치기에 바빴다.

"내가 발을 잡을 테니, 모두 달려들어서 범을 잡으시오!"

마을 사람들이 범을 잡으려고 우르르 덤비려 할 때였다.

"으악!"

갑자기 나그네가 얼굴을 감싸면서 쓰러졌다. 나그네가 한쪽 발을 붙잡고 있을 때, 다른 발로 나그네의 얼굴을 할퀸 것이다. 범은 그사이에 며느리를 물고 장산으로 들어갔다.

"아이고, 세상에나!"

이야기를 듣던 사람들은 방바닥을 치며 탄식했다.

"저는 장산마을 사람들이 도와줘서 아버지의 임종을 지킬 수 있었어요. 하지만 이런 얼굴로 머슴살이를 할 수 없어서 그때부터 이 마을, 저 마을 떠돌고 있지요."

사연을 듣고 나자 왼쪽 뺨에 난 나그네의 흉터는 더 이상 흉측하게 보이지 않았다.

"그다음엔 어떻게 되었습니까? 며느리를 데려간 범은요?"

"이 년 후, 다시 장산을 지나게 되었습니다. 그때는 반대편에서 여러 사람과 오는데 장산 입구에 호식총*이 몇 개 보였어요."

나그네가 호식총을 보자, 함께 장산을 넘던 사람이 말했다.

"범의 노예가 된 창귀가 와서 빙글빙글 돌다가 시루 안으로 들어가는데, 한 번 들어가면 다시는 빠져나오지 못한다고 하오. 이 마을에도 장산범에게 물려가 창귀가 된 사람이 한둘이 아니구려."

이 말을 듣자 나그네는 장산마을이 걱정되어 가던 길을 멈추고 마을로 내려갔다. 장산마을 사람들이 나그네를 알아보고는 반갑게 맞아 주었다.

"며느리는 다시 살아오지 못했고 아들까지 물려 갔어요. 한밤중에 신부가 자꾸 부른다며 나가더니 감쪽같이 사라졌지 뭡니까. 또 며칠 후에는 아들이 부른다며 어머니가 나갔지요. 아들 목소리를 따라가다 범에게 잡아먹혀 창귀가 되고 말았지요."

일가족을 죽인 창귀의 악행은 여기서 끝나지 않았다. 옆집 사촌 집에 밤만 되면 찾아와 사촌 이름을 불렀다. 결국 사촌은 다른 마을로 이사를 가 버렸다.

마을 사람들은 창귀가 된 사람들의 집을 불 질러 없애고, 그 사람들의 무덤을 장산 입구에 만들었다. 그 이후로는 창귀가 마을로 오지 않는다고 했다.

---

*범에게 당한 사람의 무덤으로 시신을 화장해 당에 묻고, 돌무더기를 쌓아 올린 뒤 시루를 엎어서 올리고 쇠꼬챙이를 꽂아 둔다.

"아이고, 장산범과 창귀가 무섭긴 무섭네요."

이야기를 듣던 사람들은 가슴을 쓸어내렸다.

"그 이후로 장산범을 본 적이 없습니까?"

"본 적은 없고, 다른 마을에서 장산범에게 물려 간 사람이 있다는 말은 들었습니다."

"다른 마을에도 장산범이 나타났다고요?"

"장산마을 반대편 벅구골에 사는 조 씨가 감자밭을 일구는데 장산범이 물어 갔대요. 다른 사람을 데려와 바치거나 장산범을 죽이면 영혼이 범한테서 풀려난답니다. 하지만 누가 그 무거운 걸······."

벅구골 사람들은 무서워서 감자밭 근처에는 얼씬도 하지 않았고, 조 씨 가족이 남아 있는 다리 한 쪽을 챙겨 왔다. 조 씨 가족은 남은 다리를 화장하고, 감자밭에 호식총을 만들었다. 다른 가족을 잡아가지 말라는 마음을 담아서 흰죽을 쑤어 제사를 지내고 문 밖에다 놔두었다. 다음 날 아침, 마당에 범 발자국이 있고 죽 그릇은 싹 비어 있었다. 그 뒤로는 창귀가 나타나지 않았다.

* 이 이야기는 『도시전승 설화자료 집성』과 『한국구비문학대계』, 호서낭당 민속신앙에서 찾아볼 수 있다.

창귀를 속인 노총각

"얘야, 마을로 내려가서 살자. 이 깊은 산골짝은 뒷간 한 번 가기도 무섭구나."

"아버지, 조금만 더 돈을 모으면 다음에 작은 집을 살 수 있을 거예요."

노총각도 밤마다 산짐승이 내려오는 집을 떠나서 당장 마을로 가고 싶었어. 하지만 가진 돈으로는 마을 근처의 작은 움막도 마련할 수 없었지.

어느 날이었어. 산야초를 캐러 간 아버지가 해가 지도록 돌아오지 않았어. 노총각은 마을에 가셨나 하고 뜬눈으로 밤을 새웠어. 하지만 다음 날에도 아버지는 돌아오지 않는 거야.

노총각은 아침 일찍 마을로 가 보았지만 아버지는 없었어. 아버지가 자주 다니는 산으로 가서 여기저기를 살폈어. 그러다 노총각은 숨이 턱 막혔어.

아버지의 약초 바구니가 뒹굴고, 옷이 갈기갈기 찢어져 있고, 호랑이 발자국이 보이지 뭐야.

"아이고, 아버지! 불쌍한 우리 아버지!"

아들은 땅을 치며 통곡했어.

아버지 장례를 치르기 위해서 마을로 가 이것저것을 물어보았지. 하지만 노총각의 이야기를 들은 마을 사람들은 노총각을 슬슬 피하기만 했어.

"자네는 며칠 후에 죽을 팔자야."

마을 무당이 노총각을 보며 말했어.

"그게 무슨 말씀입니까?"

"자네 아버지는 창귀가 되었어. 호랑이가 자네를 잡아 오라고 아버지에게 시켰어."

노총각은 기가 막혔어. 호랑이에게 아버지가 잡아먹힌 것도 억울한데, 호랑이가 아버지를 조종해 자신까지 잡아먹으려고 한다니 말이야.

"창귀가 그래. 가장 가까운 사람부터 잡아가서 창귀로 만들지."

"창귀가 되지 않을 방법은 없습니까? 제가 가진 것을 모두 드리겠습니다."

"창귀가 될 사람한테 뭘 받겠는가? 한 가지만 알려 주지. 이 길을 따라가면 주막이 있소. 오늘은 거기에서 자면서 같은 방에서 자는 장꾼들에게 계속 아프다고 소리를 지르게."

이렇게 말하고 무당은 가 버렸어. 노총각은 무당이 알려 준대로 주막에서 저녁을 먹고, 방에 들어가 누웠지. 밤이 되자 장꾼들이 잠을 자러 들어왔어.

"아이고, 배야! 배 아파 죽겠네! 나 좀 살려 주시오. 아이고, 배야."

노총각은 무당이 시킨 대로 아픈 척했어.

"아프면 의원에 가지 왜 여기서 난리요? 우리도 잠 좀 잡시다."

방에 있는 장꾼들이 투덜거렸어.

그때 밖에서 이상한 짐승 소리가 들리더니, 웬 노인이 들어와 노총각 옆에 파란 기를 꽂고 나갔어. 한데 노총각 옆에 있던 장꾼이 그것을 뽑아서 이불 밑으로 숨겨 버렸어. 그 순간 짐승 같은 것이 소리도 없이 방으로 들어와 두리번두리번하다 나갔어.

잠시 후, 아까 그 노인이 또 들어오더니 노총각 머리맡에 노란 기를 꽂아 두고 나갔어. 그러자 장꾼이 노란 기를 또 숨겼지.

장꾼은 노총각의 앓는 소리에 시끄러워서 잠을 못 자고 있었는데, 노인이 하는 짓이 꼭 창귀 짓이라는 생각이 들었거든. 그 순간 또다시 호랑이가 들어왔다가 나가 버렸어. 노총각은 여전히 아픈 척하며 누워 있었지.

그렇게 새벽이 다가오고 있었어.

'다시는 안 오겠지?'

아픈 척하다 지친 노총각이 포기하고 자려는데 노인이 들어와 빨간 기를 꽂았어.

노총각처럼 이제 잠을 자려고 했던 장꾼은 또 기를 숨겼어.

'이야! 아주 독한 놈이구먼.'

간발의 차로 또 호랑이가 들어왔어. 조금만 늦었어도 들킬 뻔한 아찔한 순간이었지. 호랑이는 노총각을 찾으려 사람들을 둘러보다 결국 못 찾고 나가 버렸어.

꼬끼오!

닭 울음소리에 노인과 호랑이가 사라졌어. 노총각과 장꾼도 비로소 잠이 들었지. 한참 자고 일어난 장꾼이 노총각을 깨웠어.

"가족 중에 호랑이에게 물려 간 사람이 있소?"

노총각은 장꾼에게 고마워하며 사연을 말했지.

"자네가 아직은 죽을 팔자가 아니었던가 보군. 창귀를 볼 줄 아는 내가 이 주막에 묵을 거라는 걸 무당이 알고 가르쳐 준 것이오. 갈 곳이 없다면 나와 함께 다니면서 장사를 하지 않겠소?"

노총각은 장꾼을 따라 주막을 나섰어.

* 이 이야기는 한국구전설화와 『한국구비문학대계』 등에 있으며, 창귀에게 가족을 잃은 다양한 이야기 중의 하나이다.

창귀가 된 아이

 창귀가 된 지 벌써 일 년이 다 되었네. 내가 왜 창귀가 되었는지 궁금하다고?

 난 어머니와 집에 있었어. 산 너머 장에 갔던 오라버니가 부르기에 나가려고 했는데, 어머니가 내 손을 잡고 놔주지 않는 거야.

 "어머니, 오라버니가 부르잖아요. 사흘 만에 왔는데, 어서 문을 열어 줘야죠."

 "저 소리는 네 오라비가 아니다. 네 오라비는 호랑이한테 잡아먹혀 창귀가 되었어. 창귀가 부르는 소리이니 절대로 나가면 안 된다."

 "아니에요, 오라버니예요. 오라버니 목소리가 맞는데 창귀라니요."

 "아니다, 네 오라비가 아니다."

 어머니는 오라버니가 아니라며 나를 잡고 우셨어. 오라버니가 얼마나 다정하고 날 귀여워했는데. 오라버니는 일하는 틈틈이 몰래몰래 숨어 숨바꼭질 놀이도 해 주고, 지게도 태워 주고, 살구나 앵두 같은 맛난 것도 주고, 예쁜 꽃도 꺾어다 줬다고.

한참 시간이 지나고 어머니가 부엌으로 나가셨어. 어? 오라버니가 또 나를 부르네.

어머니가 오면 못 가게 할까 봐 난 얼른 사립문으로 나갔어. 오라버니가 골목에서 손짓하네. 난 오라버니한테 달려갔어. 그런데 오라버니가 날 안기는커녕 뒷산으로 가며 내게 손짓하지 뭐야. 오라버니가 숨바꼭질이라도 하자는 줄 알고 또 달려갔지.

그 순간 난 깜짝 놀랐어! 어머니 말이 맞나 봐. 큰 호랑이가 내 눈앞에 있지 뭐야. 도망가려는데 호랑이 턱에 붙어 있는 오라버니가 나를 부르지 뭐야. 이상한 것은 그다음에 무슨 일이 벌어졌는지 기억나지 않아.

내가 순식간에 호랑이에게 붙어 있었어. 호랑이가 나를 잡아먹은 것 같아. 호랑이에게서 벗어나고 싶은데 그럴 수가 없어. 내가 어려서 힘이 없는 걸까? 그건 아닌 것 같아. 힘센 오라버니도 호랑이에게 매달려 있잖아. 나를 보는 오라버니의 눈빛이 슬퍼 보여서 나도 슬퍼.

오라버니랑 말하고 싶은데 호랑이가 화내. 이상하게 호랑이 말만 들리고, 호랑이가 시키는 대로만 움직여져. 호랑이 말을 안 듣고 싶은데 무서워서 그러질 못하겠어.

얼마 전까지 오라버니 옆에는 옆 마을에 사는 사촌 오라버니도 있었거든. 사촌 오라버니는 호랑이가 시키는 대로 하지 않아서 영혼까

지 잡아먹히고 영영 사라지고 말았어.

호랑이가 우리에게 어머니를 데려오래. 그래서 집으로 가는 중이야. 오라버니와 내가 부르면 어머니는 반드시 나오실 거야.

"어머니! 어머니! 저예요. 제가 오라버니를 데리고 왔어요. 어서 나와 보세요."

어머니를 부르니까 호랑이가 기뻐하네.

아! 이게 뭐지? 매실이다. 내가 좋아하는 매실이 잔뜩 있어. 새콤한 매실이 얼마나 맛 좋은지 몰라. 오라버니도 한 입에 매실을 두 개씩 먹잖아. 오라버니가 언제부터 저렇게 매실을 좋아하게 됐는지 모르겠어. 매실은 역시 큰…….

아, 호랑이가 화났어. 매실 때문에 할 일을 잊었지 뭐야. 오라버니도 호랑이 턱에 다시 붙었어. 우린 영혼까지 잡아먹힐 뻔했지 뭐야. 호랑이가 얼굴을 찌푸리며 조심하라고 경고를 해.

"어머니! 어머니! 이쪽으로 오세요."

저건 또 뭐지? 어머나, 소라와 골뱅이가 잔뜩 있네. 누가 이런 맛난 것을 여기에 두었을까? 오라버니, 이리 와서 같이 먹어요. 매실도 맛있지만 소라가 훨씬 더 맛있어. 쫄깃쫄깃한 것이 삼키고 나면 또 먹고 싶어지고, 또 먹고 싶어지고, 또…….

호랑이 다리에 붙어 있던 아기는 쌀을 보더니 아주 신이 났나 봐. 작은 상에 하얀 쌀 한 주먹이 있는데, 몇 알이나 되는지 세어 보느라 쳐다보지도 않아.

에고! 저것 좀 봐. 아기가 쌀알을 세는 사이에 무당들이 동자신을 보내서 잡아가 버리네. 이제 저 아기는 어떻게 되는 거지? 저승으로 가는 걸까? 아니면 영혼까지 죽어 버리는 걸까?

이 숲에서 나가면 동네가 보여. 거기에 우리 집이 있는데, 어머니가 문 밖에서 우릴 기다리고 있겠지? 평소에도 항상 어머니는 문 밖에서 우리를 기다리곤 하셨으니까.

앗, 이건 뭐지? 돌무덤이구나. 시루도 엎어 놓았네. 시루 안에 뭐가 있어. 뭐지? 어, 내 물건이야. 누가 넣어 둔 걸까?

호랑이가 가까이 가지 말라고 자꾸 화를 내. 하지만 너무너무 궁금한걸. 구멍으로 들어가면 볼 수 있을 것 같아. 호랑이가 무섭지만 시루 구멍에 한 번만 들어가 보자.

여기는 참 어둡다. 그만 밖으로 나갈까? 시루 밖에는 호랑이가 있겠지? 밖으로 나가면 또 화를 낼 거야.

오라버니가 보고 싶은데……. 여기는 이상하게 마음이 참 편하네. 아함, 졸려서 좀 자야겠어.

"아가, 우리 아가. 저승에서 누가 널 데리러 오거든 꼭 따라가거라. 다시는 이 어미의 아들딸로 태어나지 마라. 너희를 지켜 주지도 못한 어미라서 정말 미안하구나. 불쌍한 내 딸아, 내 아들아……."

어머니, 보고 싶어요. 어머니 목소리가 들리니 좋아요. 아, 졸려……. 어머니, 나중에 또 만나요.

* 창귀는 조선 전기 학자 성현의 『용재총화』와 『한국구비문학대계』, 『한국민속대백과사전』뿐만 아니라 백두대간을 중심으로 발견되는 호식총에 얽힌 수많은 사연에서 찾아볼 수 있다. 이 이야기는 호식총을 토대로 새롭게 창작했다.

변신 호랑이, 황팔도

　보령 산골에 황팔도라는 사람이 있었다.
　가난해도 아내와 함께 홀어머니를 모시고 열심히 살아가고 있었다. 그런데 어머니가 병이 들고 말았다. 약을 먹어도 나을 기미가 없었다. 황팔도는 새벽마다 높은 산에 올라가 백일기도를 드렸다. 하루는 새하얀 옷에, 새하얀 수염을 기른 신령님이 나타났다.
　"네 효심에 감동하였다."
　황팔도는 넙죽 절하고 신령님이 전하는 말을 들었다.
　"네 어머니는 살면서 먹어야 할 것을 먹지 못해서 병이 생겼다. 이제와 먹은들 소용없고, 개의 간 백 개를 먹으면 된다."
　"백 개요? 어떻게 그 많은 간을……."
　"너희 집 뒷산으로 세 고개를 넘으면 절이 있다. 법당 중에서 가장 낡은 법당의 수미단에 책이 한 권 있으니, 그 책을 보거라. 하지만 절대로 다른 이에게 알려 줘서는 안 된다."

황팔도는 "네, 네!" 하다가 눈을 번쩍 떴다. 꿈이 분명한데 참 선명했다.

황팔도는 뒷산을 올랐다. 평소 나무를 하던 첫 번째 고개를 넘고, 왠지 낯익은 것 같기도 한 두 번째 고개를 넘고, 낯설기만 한 세 번째 고개를 넘자 작은 절이 보였다.

가장 낡은 법당에 들어가자 과연 부처님이 앉아 있는 수미단에 책이 있었다. 책에는 호랑이가 되는 도술 법이 적혀 있었다. 그때부터 황팔도는 호랑이로 변신하는 법을 익혔고, 아내에게는 백일기도를 드린다며 잠깐 떨어져 있자고 했다.

한밤중, 호랑이로 변신한 황팔도는 옆 마을의 개를 한 마리씩 잡아다 어머니에게 먹였다.

"산에 떠도는 놈을 잡아 왔어요."

어머니는 아들이 주는 대로 먹었다. 열 마리를 먹은 날에는 일어날 수 있었고, 스무 마리를 먹은 날에는 앉을 수도 있게 되었다. 어머니는 하루하루 건강해져 갔다.

개를 잃은 옆 마을의 감시가 심해지자, 황팔도는 더 먼 마을로 가서 개를 잡아 왔다. 밤마다 멀리 다녀오니 낮에는 일하기가 힘들었다.

"조금만 더 버티자. 어머니를 위한 일이니 힘을 내야지."

드디어 아흔아홉 번째 간을 어머니에게 드렸다. 이제 어머니는 걸어

다닐 수 있을 정도로 건강해졌다. 반면 아내는 하루도 빠지지 않고 개를 잡아 오는 남편이 이상해서 몰래 남편 방을 들여다보았다. 그런데 남편은 보이지 않고 책만 놓여 있었다. 책을 살펴보니 온갖 요상한 술책이 적혀 있었다.

"남편이 호랑이로 변해 개를 잡아 온다는 건가? 이런 이상한 책을 보다니."

아내는 책을 들고 부엌으로 가 꺼지지 않은 아궁이 불씨에 책을 던졌다. 황팔도가 마지막 개를 구해서 집으로 막 들어온 참이었다.

"이 밤중에 뭘 태우지?"

부엌으로 가니 아내가 책을 태우고 있었다.

"안 돼!"

마음이 급해 지금까지 주문을 읽기만 했을 뿐 외우지는 못했다. 책이 없으면 황팔도는 사람으로 돌아올 수 없었다.

황팔도는 책을 지키려고 아내에게 덤벼들었다. 깜짝 놀란 아내는 남편이 호랑이인 것도 모르고 뒷문으로 나가 고래고래 소리쳤다.

"호랑이에요! 개를 훔쳐 가는 호랑이가 나타났어요!"

고함을 들은 마을 사람들과 포수들이 우르르 몰려왔다. 포수들은 활과 총을 호랑이에게 겨누었다. 마당에 호랑이와 함께 죽은 개 한 마리가 널브러졌다.

"난 호랑이가 아니야. 나 황팔도라고! 자네 친구 황팔도!"

황팔도가 아무리 외쳐도 사람들에게는 호랑이가 으르렁거리는 소리로만 들렸다.

탕!

포수가 총을 쏘았다. 황팔도는 남은 힘을 다해 재빨리 산으로 도망쳤다. 호랑이가 나타났다는 소식에 일대의 포수들이 뒤쫓아 왔다. 황팔도는 더 깊은 산속으로 들어가서 숨었다.

황팔도는 가끔 어머니를 보러 집 근처까지 왔다가 눈물을 흘리며 돌아갔다.

남편을 기다리던 아내는 호랑이가 찾아오는 집에서는 살 수 없다며 어머니와 다른 마을로 이사를 가 버렸다. 그때부터 황팔도는 이 산, 저 산을 떠돌며 어머니를 찾아다녔다.

* 이 이야기는 효도하는 호랑이에 대한 구전 설화 중 하나로 우리나라 곳곳에서 전해지고 있다.

세 번째 고개

집 안에도 요괴!
집 밖에도 요괴!

우리 주변에는 요괴가 많다. 집 안에, 집 밖에, 길거리에
숨어 있을지도 모른다. 눈에 보이는 요괴도 있고, 보이지 않지만
늘 우리를 따라다니는 요괴도 있다.
사람을 괴롭히거나 해치는 요괴가 많다. 하지만 세상의 요괴가
모두 고약하고, 못되거나 나쁘기만 한 것은 아니다.
가만히 생각을 좀 해 보자. 요괴는 어디에서 왔을까?
요괴들끼리 살면 될 텐데, 왜 인간 세상에 와서 숨어 지낼까?
사람들 틈에서 사는 요괴들의 이야기를 들으며
요괴의 실체가 무엇인지 알아보자.

진실만을 말하는 노앵설

안채 마루에 앉아 있는 여자아이가 수군거리는 사람을 뚫어지게 보았어.

"어휴! 쟤가 또 사람을 저렇게 보고 있네."

"왜? 무슨 일 있어?"

"일은 무슨, 늙은 꾀꼬리처럼 말하는 게 무섭고 징그러워."

"그러니 노앵설이지. 우리가 한 일을 귀신같이 안다니까. 혹시, 너 또 반찬 빼돌렸어?"

"어? 아, 아니."

두 사람이 여자아이를 보며 수군거렸어.

"설아."

방 안에서 마님이 설이를 찾았어. 마님은 서랍장을 뒤지며 뭔가를 찾고 있었지.

"지난달에 산 옥 노리개가 보이지 않는구나."

"열흘 전에 달고 나가셨다가 들어와 풀 대, 작은 아가씨가 방에 오셨어요. 그때 마님께서 작은 아가씨에게 달아 주셨어요."

설이는 방금 일어난 일인 듯 상세히 말했어. 그제야 기억난 마님은 웃으며 설이 머리를 쓰다듬으려고 했지. 하지만 설이가 피했어. 설이는 자신을 만지는 것을 무척 싫어하거든.

자기 방이자 하녀들 방으로 돌아온 설이는 대들보 위로 뛰어올라 앉아 노래를 불렀어. 마치 늙은 꾀꼬리가 노래를 부르는 것 같았지.

밤이 되자 일을 마친 하녀들이 방으로 들어왔어.

"명희와 갑오가 혼인한다고 했는데 은실이랑 한다고? 왜?"

하녀들이 들어오며 한 하녀에게 물었어.

"은실이가 갑오에게 무슨 짓을 했을지도 모르지."

하녀 한 명이 비밀을 알고 있다는 엉큼하게 웃으며 답했어.

"무슨 짓?"

"은실이는 착해, 명희가 고약하지. 예쁜 얼굴만 믿고 명희가 못된 짓을 얼마나 많이 하니."

하녀들은 서로 제 말을 하기에 바빴지.

"혼인 약속은 큰일인데. 에이, 설이한테 물어보자."

답답한 하녀들이 설이를 찾았어.

"설아, 설아. 갑오는 왜 명희가 아니라 은실이와 혼인하니?"

"갑오는 은실이와 혼인하는 게 맞지. 은실이가 혼인한다니까 명희

가 샘이 나서 거짓말로 둘을 갈라놓으려고 했어. 그런데 갑오에게 들켰어. 키키!"

설이는 하녀 한 명을 보면서 이상한 소리로 웃었어.

"명희가 그런 못된 짓을 했구나."

"그나저나 갑오는 그걸 어떻게 알았지?"

"내가 말해 줬어."

하녀들은 알겠다는 듯 고개를 끄덕였어.

"그런데 넌 그 사실을 어떻게 알았어?"

하녀들이 갑오와 은실이의 혼인 이야기를 떠벌이고 다녔던 하녀를 빤히 쳐다보았어. 하지만 그 하녀는 물음에 답하지 않고 설이를 노려보며 말했지.

"설이, 너. 나에게만 말한다고 하더니?"

"그래. 너한테만 말했는데 벌써 다들 아네. 아침에 너한테 말했는데 말이야."

그 순간 하녀의 얼굴이 빨개졌어.

"이 수다쟁이가 자기가 알아낸 척 으스대더니 설이 때문에 들켰네. 하하하."

하녀들은 깔깔거리며 서로 웃고, 재잘거리다가 잠이 들었어.

다음 날 새벽이 되자 하녀들은 일찍 나섰고, 설이는 대들보 위에서 아침 노래를 불렀어. 그런데 나가던 하녀 한 명이 들어와 앞치마를 찾아서 허리에 묶었지.

"얘, 너 오늘 대문턱을 넘지 마라."

방에서 막 나가려는 하녀에게 설이가 당부했어.

"오늘은 콩밭에서 일하는 날이야."

하녀는 불길한 눈빛으로 설이를 보다가 밖으로 나갔어.

저녁때가 되자 일을 마친 하녀들이 돌아왔어.

"설이 쟤가 재수 없는 말을 해서 이렇게 된 거라고."

설이가 주의를 줬던 하녀는 천으로 팔을 꽁꽁 싸매고 들어왔지.

"대문턱을 넘지 말라고 해서 사랑채로 나갔잖아. 저 요사스런 설이."

하녀는 설이 때문에 다친 거라며 씩씩거렸어.

"설이가 밖에 나가지 말라고 알려 줬네. 네가 조심했어야지."

설이는 아주 사소한 일도 모두 알아. 그러니 사람들은 설이를 두려워했지.

하루는 마님이 이웃집에 초대를 받았어. 명문가의 으리으리한 집 안으로 들어갔는데 이웃집 하녀가 나왔어.

"작은 소란이 생겨 지금 마님이 해결하고 계십니다. 잠시만 기다려 주십시오."

안마당 쪽이 꽤 소란스러웠어. 주인마님의 호통과 어린 하녀의 울음소리도 들려왔지.

"아닙니다. 마님, 저는 가져가지 않았습니다!"

"그 비녀가 어디에 있는지 아는 이는 너밖에 없다."

"저는 죽어도 아닙니다. 마님, 정 그러시면……. 설이한테 물어보십시오. 그 아이라면 모든 것을 알고 있을 것입니다."

"무슨 망측한 소리냐? 그 아이와 짜고 내 비녀를 훔친 것이냐?"

주인마님은 더 크게 화를 냈어.

"남의 집 화가 우리 집까지 미치겠구나."

소란을 듣던 마님이 숨을 한 번 들이쉬더니 초대한 마님에게 다가갔어. 그러자 안주인이 깜짝 놀라면서 주춤했고, 어린 하녀는 손으로 뺨을 어루만지며 울고 있었어.

"아이고, 소란을 보여 죄송합니다. 용서해 주시기 바랍니다."

"소란은 커지기 전에 해결하는 게 좋지요. 바깥에서 듣기에 우리 설이에게 물어보자는 말이 나오던데, 그렇게 하셔도 됩니다."

마님이 차분하게 말했어.

"그럼 실례를 무릅쓰고 그렇게 해 보겠습니다."

안주인이 손짓하자 하녀는 벌떡 일어나서 달려갔어. 이 일을 예상한 듯 설이는 대문 앞에서 기다리고 있었지.

"설아, 우리 마님의 비녀가 어디에 있는지 너는 알고 있지? 제발 어디 있는지 알려다오."

이웃집 하녀가 물었어.

"알지, 다 알지. 하지만 너에게는 말하지 않을 거야. 네 주인이 오면 말할게."

하녀는 달려가서 마님에게 그대로 아뢰었어.

"마님, 설이가 안다고 합니다. 하지만 꼭 들어야겠다면 마님께 직접 말하겠답니다."

안주인은 도둑질한 하녀가 도망쳤을 거라고 생각했어. 그런데 제 발로 들어와서 말하자 다른 하녀를 설이에게 보냈지. 다른 하녀도 똑같은 말을 전했어.

설이에게 가려는 안주인을 보며 설이 주인이 말했어.

"설이가 저희 집 하녀들과 지내고는 있지만 설이는 하녀가 아닙니다. 그러니 설이에게 대답을 들으시고 싶으면 값을 내야만 합니다."

설이 주인의 말에 안주인이 하인에게 일렀어.

"좁쌀 한 되 가지고 따라오너라."

이렇게 해서 초대 받았던 마님은 오히려 초대했던 안주인과 함께 집으로 돌아왔지.

"비녀가 어디에 있는지 알아요. 하지만 사람들 앞에서 말할 수는 없어요. 혼자 오세요. 그때 말해 줄게요."

설이는 이웃집 마님에게 이 한마디 하곤 입을 딱 닫아 버렸어.

"괜찮으니 어서 말해라. 중요한 물건이라서 꼭 찾아야만 한다."

이웃집 마님이 설이를 다그쳤어.

"여기서 말하면 마님이 무안해질 텐데."

설이는 눈짓으로 주변에 있는 사람들을 가리켰어.

"괜찮다고 하지 않았느냐! 어서 말해라. 누가 가져갔느냐?"

성미 급한 이웃집 마님이 버럭 화를 냈어.

"어쩔 수 없네. 그럼 무슨 일이 있어도 마님 탓이에요. 사흘 전에 마님은 어떤 선비와 몰래 닥나무 숲에 갔어요. 그때 나뭇가지에 걸려서 빠졌는데, 그걸 모르고 그냥 갔지요. 비녀는 그 선비가 준 거잖아요.

걱정 마세요. 거기에 아직 그대로 있으니까."

설이는 비녀가 있는 위치를 정확하게 말해 주었고, 하인들이 닥나무 숲에 다녀오더니 비녀를 마님 손에 건넸어.

이웃집 마님의 얼굴이 붉으락푸르락했어. 마님은 휙 돌아서 나가 버렸지.

며칠이 지났어. 모두 바쁘게 일했고, 설이도 집 안을 돌아다니면서 심부름을 했지. 그런데 하인 하나가 물건을 훔쳤어. 얼마나 교묘하게 훔치는지 없어진 것도 몰랐지. 설이는 마님에게 일렀어. 마님은 깜짝 놀라며 설이가 말한 곳을 뒤졌지. 그러자 보자기에 겹겹이 싸인 물건이 나오지 뭐야.

"은혜를 배신으로 갚다니, 네가 한 짓의 대가를 고스란히 치르도록 해 주마."

마님뿐 아니라 대감 어른도 크게 꾸짖었어. 다른 하인들도 교묘한 수법에 혀를 내둘렀지.

"알면서도 막지 않은 저 요물 탓입니다. 노앵설, 저 요물이 제가 더 큰 죄를 짓도록 놔둔 것입니다!"

하인이 울며불며 소리치다가 갑자기 쓰러졌어. 한참 만에 깨어난 하인은 자기를 노려보고 있는 설이를 보자 온몸을 부들부들 떨었지.

"자주색 수염이 난 남자가 내 머리털을 확 끌어당겼습니다. 누구인지 모르겠고, 무슨 일이 벌어지는 건지도 모르겠어요."

하인은 진심으로 용서를 빌었고, 주인은 마지막으로 용서해 주었어. 하지만 집 안 분위기가 예전과 달라졌어. 하인들은 점점 집을 불편해했지.

"마님, 설이에게 나가 달라고 하면 안 되겠습니까?"

하인들이 조심스럽게 말을 꺼냈어.

"아들들이 오니 할 일이 많다. 그 이야기는 나중에 하자."

한양에서 벼슬길에 오른 아들 삼 형제가 오늘 집으로 오는 날이야. 그래서 집을 청소하고 음식을 장만하기에 바빴지.

아들들이 도착하자 집 안은 잔칫집 같았어. 안채에서는 웃음소리가 끊이지 않았지. 하인들도 실컷 먹고 즐기며 시간을 보내는데, 설이는 대들보 위에 꼼짝 않고 숨어 있네.

다음 날, 아침 해가 떠올랐어.

"설아, 나와 보렴. 큰 도련님께서 널 부르신다."

하녀의 소리에도 설이는 나가고 싶지 않아서 꾸물거렸어.

"도련님께서 부르시니 얼른 나와야지."

하녀의 재촉에 설이는 억지로 대들보에서 내려와 밖으로 나갔어. 큰아들과 좀 떨어진 곳에 서서 고개를 푹 숙였어. 설이는 평소 열두세 살 정도의 아이 같은데, 지금은 더 어린아이로 보였지.

"설아, 우리 집에 머물면서 온갖 이야기를 해 준다는 말은 나도 듣고 있다."

"집 안에 복이 생기도록 힘을 많이 쓰고 있소."

설이는 평소와 다르게 이상한 목소리로 말했어.

"늙은 꾀꼬리 목소리 같다더니 노앵설이라는 이름이 딱 맞구나. 하지만 이제 떠나라. 요괴가 사람이 사는 집에 머무는 것은 안 될 일이다."

큰아들이 나긋하지만 강하게 말했어.

"한 번도 재앙을 일으키지 않고 집 안을 잘 받들고 있는데, 어찌 떠나라고 하시오?"

어린 설이는 노인처럼 말했어.

"너는 우리 세상의 존재가 아니니 여기에 머무는 것은 옳지 않다."

입을 삐죽거리는 설이는 금방이라도 울음을 터트릴 것만 같았어.

"나를 이렇게 싫어하니, 나도 머물지 않겠소."

설이는 화를 내며 대문 밖으로 나갔어.

아주 잠깐 설이가 통곡하는 소리가 들리더니, 금방 조용해졌지. 집 안에 있던 사람들은 서로서로 눈치를 보더니 비로소 편안한 웃음을 지었단다.

* 노앵설은 조선 초기 문신 성현의 『용재총화』에 기록되어 있다.

한적한 시골, 사람들은 새벽같이 일어나 일하러 나갔다. 한낮이 되자 산 아래 작은 집으로 어머니가 돌아왔다. 두 아들과 먹을 점심을 하기 위해서였다. 어머니는 아궁이에 불을 때 밥을 안치고 조물조물 반찬도 만드는 중이었다.

"에그머니! 이게 뭐람."

장독에서 된장을 퍼 오는데, 한 주먹도 안 되는 조그맣고 새카만 것이 밥을 먹고 있었다.

"쥐새끼 같은 조마구가 우리 애들 밥을 다 처먹었어?"

화가 난 어머니는 부지깽이를 마구 휘둘렀다.

"죽어라, 이 못된 놈아."

"끄악!"

부지깽이에 맞은 조마구가 비명을 지르더니 훌쩍 커졌다.

"이놈, 뭐지?"

어머니는 부지깽이로 조마구 대가리를 더 내리쳤다.

"끄악!"

조마구는 비명을 한 번 지르더니, 강아지단큼 커졌다.

"케케케!"

조마구는 약 올리듯이 웃었다. 더 화가 난 어머니는 힘이 빠지도록 부지깽이를 마구 내질렀다. 하지만 조마구는 자꾸자꾸 커져 개만큼, 황소만큼 커지더니 어머니를 잡아먹고는 사라졌다.

점심때가 되자 형제가 집으로 돌아왔다.

"어머니!"

형제는 놀라서 비명을 질렀다. 어머니는 안 보이고 피가 잔뜩 묻은 찢어진 옷만 남아 있었다.

그때 이웃 아저씨가 겁먹은 눈으로 달려왔다.

"얘들아, 아무래도 조마구 짓인 것 같다. 숲에서 황소만 한 조마구를 봤어."

한참을 울고 난 형제는 어머니 묘를 대신해 어머니 옷을 볕 좋은 곳에 묻었다.

"어머니의 원수를 꼭 갚겠습니다."

형제는 조마구를 잡으러 산으로 들어갔다. 조마구가 갔다는 방향으로 계속 가다 보니 마을이 보였다. 마을 근처에서 일하는 노인에게 물었다.

"혹시 조마구가 지나가는 것을 보았습니까?"

"조금 전에 황소만 한 놈이 지나가는 걸 봤지."

"어디로 갔습니까?"

"나무 오십 짐을 해 주면 알려 주마."

"어머니 원수를 갚고 나서 백 짐을 해드리겠습니다. 어디로 갔는지 알려 주십시오."

형제의 사정에도 노인은 고개를 가로저었다. 할 수 없이 형제는 지게를 들고 얼른 산속으로 갔다. 조마구가 더 멀리 가기 전에 서둘러 나무를 했다. 노인이 내미는 주먹밥을 먹고 밤새 나무 오십 짐을 했다. 그러자 노인이 마을 뒷길을 가리켰다.

한잠도 못 잔 형제는 무척 피곤했지만, 조마구를 잡기 위해 열심히 달렸다. 좀 더 가다 보니 두 갈래 길이 나왔다. 형제는 지나가는 농부에게 물었다.

"혹 조마구가 지나가는 것을 보았습니까?"

"어제 논에서 일하다가 봤지. 황소보다 좀 작았는데 자네들이 온 쪽에서 보았네."

조마구를 놓치지 않아서 다행이었다.

"그놈이 어디로 갔습니까?"

"논 스무 마지기를 갈아 주면 말해 주지."

"원수를 갚고 나서 서른 마지기를 갈아 드리겠습니다. 어디로 갔는지 알려 주십시오."

농부도 고개를 가로저으며 쟁기를 내밀었다. 형제는 하루 종일 쟁기질해 열 마지기를 갈았다.

농부가 아침밥을 들고 오며 말했다.

"쟁기를 갈아야 하니, 그사이에 밥을 먹고 잠을 좀 자거라."

형제는 한시가 급했지만 농부가 시키는 대로 했다. 잠깐 자고 나자 몸에 힘이 생겼다. 금방 나머지 열 마지기를 갈자, 농부는 조마구가 간 방향을 알려 주었다.

한참을 가니 마을이 보였다. 형제는 마주친 사람마다 조마구를 보았냐고 물었다.

"조마구를 본 적은 없소."

세 번째에 만난 어르신이 대답했다.

어머니의 원수를 갚겠다고 했는데, 이젠 완전히 놓쳐 버린 것 같았다. 실망한 형제는 온몸에 힘이 쏙 빠지는 것 같았다.

"조마구가 사는 굴이 어디에 있는지는 알지."

"제발 그놈이 사는 굴을 알려 주십시오."

"우리 집에서 일주일 동안 일해 주면 알려 주지."

"조마구를 먼저 찾고 나서 한 달 동안 일하겠습니다."

통사정했지만 어르신은 고개를 가로저었다.

형제는 시키는 일을 열심히 했다. 그리고 일주일 후, 조마구 동굴이 있는 곳을 알아냈다.

"제일 큰 수숫대를 뿌리째 뽑아라. 그럼 굴이 나오는데 거기로 들어가면 돼. 조심해, 조마구는 보통 영악한 게 아니야."

형제는 감사 인사를 하고 서둘러 떠났다.

조마구가 산다는 곳에 도착하니 수수밭이었다. 가장 큰 수숫대를 뽑아내자 정말로 커다란 굴이 보였다. 굴 안으로 한참 기어가 바깥으로 빠져나왔다. 집 한 채가 보였다. 몰래 다가갔지만 집은 텅 비어 있었다.

집을 구석구석 살피자 값비싼 보석들이 가득했다. 조마구가 돌아다니면서 훔쳐 온 것들이었다. 형제는 집 뒤에 숨었다.

저녁때가 되자 조마구가 황소만큼 커져서 돌아왔다.

"큭큭! 떡을 먹어야지. 앗! 참기름이 없네. 옆집 참기름을 훔쳐 오면 되지."

조마구는 밖으로 나갔다. 있지도 않은 옆집에 간다더니, 산 너머 마을로 갔다. 그사이 형제는 떡을 모조리 먹고 다시 숨었다.

잠시 후, 조마구가 참기름을 들고 왔다. 그런데 떡이 보이지 않았다. 당황한 조마구가 보일 리 없는 떡을 찾았다.

"내 떡이 어디 갔지? 내 떡! 내 떡!"

조마구가 짜증을 부리며 소리쳤다. 그러자 점점 작아지더니 작은 개만 해졌다.

"떡이 없으니 국수라도 삶아 먹어야지."

조마구는 아궁이에 불을 피우고 물을 끓였다. 물이 끓자 국수를 잔뜩 삶았다.

"국수를 맛있게 먹으려면 간장이 있어야 해. 간장을 가져와야지."

조마구는 산 너머에 있는 마을로 갔다. 그사이에 형제는 삶은 국수를 모두 먹어 버렸다.

부엌으로 들어온 조마구는 국수를 찾기 시작했다. 솥 안, 부뚜막, 아궁이 속을 살펴도 국수는 보이지 않았다.

"내 국수 어디 갔지? 누가 훔쳐 먹은 거야. 내 국수! 내 국수! 어느 놈이 내 국수를 먹었어. 죽여 버리겠어!"

조마구는 온갖 욕을 하며 방방 뛰었다. 그러자 점점 더 작아지더니 토끼만큼 작아졌다. 산 너머 마을로 두 번이나 다녀오니 지쳤는지 꾸벅꾸벅 졸기 시작했다.

"형님, 저기 밤나무가 있습니다. 밤송이를 던져서 골려 줍시다."

형제는 밤송이를 조마구에게 던졌다. 뾰족한 가시에 찔린 조마구는 깜짝 놀라며 일어났다. 하지만 아무도 없었다. 다시 잠이 들자 밤송이를 또 던졌다. 조마구는 깜짝 놀라며 벌떡 일어났다.

"누가 던졌어? 누구야?"

둘러보아도 아무도 없었다. 조마구는 살살 짜증이 났다.

"한 번만 더 찌르면 내가 잡아먹어 버릴 거야!"

조마구는 소리치고 다시 잠이 들었다. 형제는 밤송이를 또 던졌다. 그러자 잠을 깬 조마구가 소리를 지르면서 짜증을 박박 부려 댔다.

"다 죽여 버릴 거야. 이빨로 씹어 죽이고, 발톱으로 찢어 죽일 거야!"

조마구가 짜증을 부릴수록 몸이 작아지더니, 점점 생쥐만 해졌다. 배는 고프고 잠은 오는데, 잠만 들면 자꾸 찔러 대니 잘 수가 없었다. 부엌을 휘 둘러보니 가마솥이 보였다. 조마구는 솥에 들어가서 누웠다. 따뜻하고 좋았다. 찌르는 것이 없으니 더 좋았다.

형제는 부엌으로 들어왔다. 형이 무거운 뚜껑을 덮고, 그 위에 두툼한 짚을 깔고 앉았다. 동생은 아궁이에 불을 피웠다.

"아, 따뜻하고 좋구나."

동생이 장작을 넣고 불을 계속 피우자 솥은 점점 뜨거워졌다. 조마구는 밖으로 나오려고 했지만 형이 누르고 있어서 나올 수가 없었다.

"으악! 뜨거워, 뜨겁다고. 살려 줘. 너무 뜨거워!"

조마구는 고래고래 소리를 질렀다.

동생은 솥 바닥이 벌겋게 될 때까지 불을 땠다. 한참 지나자 조용해졌다. 솥뚜껑을 열자 조마구는 타서 시꺼멓게 말라붙어 있었다. 조마구가 살아날까 봐 형제는 활활 타오르는 불길에 던져 넣었다. 그러자 가루도 남지 않게 되었다.

"우리가 어머니의 원수를 갚았구나."

형제는 얼싸안고 울었다.

* 이 이야기는 『한국구비문학대계』에서 찾아볼 수 있다.

괴상하고 무서운 그슨새와 그슨대

농사철이라 마을 사람 모두가 바삐 일했다.

한 농부는 저녁때가 되어서 돌아올 정도로 열심이었다. 하루는 늦은 저녁밥을 먹고 쉬고 있는데 옆집 부인이 찾아왔다.

"올 시간이 한참 지났는데도 남편이 안 오네요. 혹시 못 보셨습니까?"

"요즘같이 흉흉한 시기에 혼자서 갔습니까?"

"얼추 다해 간다고 아침 일찍 혼자 나섰는데……."

얼마 전, 이웃 마을에서 그슨새가 나타났다는 말에 마을 어른이 그슨새를 조심하라고 집집마다 알렸었다. 그슨새는 도롱이를 쓴 아이 모습인데, 혼자 있는 사람에게만 나타나서 사람을 홀리고 죽을 만큼 괴롭히기도 했다.

농부는 마을 남자들과 옆집 농부가 일하는 밭으로 갔다. 과연 밭 한가운데에 농부가 있었다.

"여보게! 아직도 일하는가?"

농부가 큰 소리로 불렀는데도 옆집 농부는 들은 척도 하지 않았다. 좀 더 가까이 가 보니 히죽히죽 웃으며 혼잣소리를 했다. 소를 묶어 놓은 줄을 자기 목에 감았다가 풀었다가도 했다.

"아뿔싸! 그슨새가 나타났구나."

농부는 얼른 옆집 농부가 감았던 줄을 풀어 주려고 했다. 하지만 옆집 농부는 몸부림치며 도리어 농부 목에 줄을 옭아매려고 했다. 농부가 소리치자 함께 온 마을 남자들이 달려와 농부와 옆집 농부를 구했다.

옆집 농부는 이틀 후에야 정신을 차렸다. 하지만 한동안 이상한 행동을 해서 가족들의 고생이 컸다. 고맙게도 마을 사람들이 찾아와 걱정해 주곤 했다.

"자네, 왜 그런 위험한 행동을 했는가?"

옆집 농부는 고개를 저었다.

"내가 뭘 했는지 모르겠어. 일하는데 웬 아이가 나타나서는 목에 줄을 감더라고. 그걸 풀면 또 감고, 풀면 또 감고."

사람들은 믿을 수가 없었다. 목에 줄을 감았다가 풀기를 반복한 것은 옆집 농부였다.

"깜짝 놀라서 아이를 뿌리치려는데 내 어깨를 붙들고는 떨어지지 않더라고. 귓속말로 휘파람이나 새소리 같은 소리를 내는데, 그때부

터 정신이 나간 것 같아. 내가 그스새한테 홀린 거겠지? 자네 덕분에 살았네. 정말 고마워."

"이제부터는 하루씩 돌아가면서 품앗이하세. 그스새가 사라질 때까지는 어쩔 수 없네."

그스새의 최면은 한 사람에게만 통해서 다른 사람이 홀린 사람을 말리면 사라졌다. 그래서 마을 사람들은 함께 다니면서 일을 시작했다.

며칠이 지났다. 친구와 놀던 아이가 집에 갈 시간이 늦고 말았다. 집이 멀지는 않았지만 해가 져서 길이 캄캄했다.

"우리 집에서 자고 내일 아침에 가라."

"어머니께 말씀도 안 드리고 와서 안 돼. 밤새 걱정하실 거야."

친구가 집으로 가려고 막 나설 때였다.

"그러면 나랑 같이 가자. 그스대가 나타나면 어쩌려고 그래?"

"걱정하지 마. 저 앞에서 골목만 돌면 우리 집이잖아. 어머니가 골목 앞에서 기다리고 계실 거야. 뛰어가면 금방이야."

친구는 혹시 모른다며 긴 작대기를 내밀었다. 아이는 작대기를 받아 들고 나왔다. 어두운 길에 들어서자 바로 후회가 되었다.

'지금이라도 친구네로 돌아갈까?'

아이는 겁나다가도 걱정할 어머니가 떠올라 발에 힘을 주었다. 한 발, 한 발 걸음을 뗄 때마다 무서움도 점점 커져 갔다.

쏴아— 바스락.

바람 소리, 발에 밟히는 나뭇잎 소리에도 그스대인 줄 알고 깜짝깜

짝 놀랐다. 아이가 안도의 한숨을 쉬었다. 그때,

"크흐흐!"

바로 뒤에서 섬뜩한 웃음소리가 들렸다. 아이는 자기도 모르게 휙 뒤돌아보았다. 아무도 없었다. 뒤돌아가려고 하는데, 골목 어두운 곳에서 시커먼 그림자 같은 것이 자신을 노려보고 있었다.

아이는 당장 집으로 달려가고 싶었지만, 다리가 꼼짝도 하지 않았다.

"크흐흐흐흐!"

시커먼 그림자가 점점 커졌다.

'어머니, 어머니. 여기 좀 나와 주세요!'

아이는 속으로 빌었다. 아이가 무서움에 떨수록 그림자는 더 커졌다. 금방이라도 그림자가 아이를 덮칠 것만 같았다.

"악…… 어머니! 아버지! 살려 주세요!"

힘껏 소리를 질렀다. 하지만 몸이 굳어서 소리가 잘 나오지 않았다. 아이는 휙, 휙! 작대기를 휘둘렀다.

"저리 꺼져! 이 요괴야, 사라지라고!"

그슨대는 더 크고, 더 어둡고, 더 무서워지기만 했다. 아주 거대해진 발로 아이를 덮치려고 했다. 그슨대의 커다란 발이 머리 위에까지 왔다.

'이제 죽었구나……'

아이는 저도 모르게 다리에 힘이 풀려 바닥에 쭈그리고 앉았다. 그슨대가 아이의 뒷덜미를 잡으려고 무지막지한 손을 뻗었다. 아이는 온몸에 소름이 끼치고 목덜미가 서늘해졌다.

그 순간 휙, 뭔가 아이 머리 위로 날아갔다. 휙, 휙, 뭔가가 연달아 날아오는 소리가 들렸다. 바로 앞에 떨어진 것을 보니 그슨대가 좋아한다는 바닷가재였다.

"빨리 오지 않고 뭐 해? 빨리 달려와!"

아버지였다. 어두워졌는데도 돌아오지 않는 아들을 찾아서 어머니와 함께 나온 것이었다.

"가재나 먹고 사라져라."

어머니는 다시 한 번 가재를 던졌다. 아버지는 손에 횃불을 들고 아들에게 달려왔다. 횃불이 가까워지자 새카맣던 그슨대가 슬슬 희미해졌다.

"아버지, 어머니. 엉엉!"

아이는 부모님을 보자 울음보가 터졌다.

"어서 일어나. 저놈에게 잡히기 전에 얼른 집으로 가자."

아이는 있는 힘을 다해 일어서려고 했다. 하지만 얼마나 겁먹었던지 오줌을 지리고 다리가 비틀거렸다. 아이는 기어서라도 가려고 그슨대 가랑이 밑으로 지나가려고 했다.

"안 돼."

어머니가 얼른 달려와 아이를 끌어당겼다.

"그슨대 가랑이 밑으로 지나갔다가는 죽고 말아."

그슨대에게 당한 아이들을 살리기 위해서는 큰 굿을 하는 방법밖에 없었다. 하지만 굿을 해도 아이들은 며칠밖에 살지 못했다.

어머니가 마지막 가재를 던지고 횃불을 넘겨받았다. 아버지는 아이를 질질 끌다시피 해서 겨우겨우 집으로 갔다. 다행히 그스대는 어머니가 던져 준 가재에 정신이 팔려서 아이가 가는 것을 까맣게 잊고 있었다.

다음 날 아침, 해가 떠오르자 아이는 벌떡 일어나서 마당으로 나갔다. 내리쬐는 밝은 햇살 속에서 한참 동안 서 있었다.

* 이 이야기는 제주문화원형으로 제주 설화에서 찾아볼 수 있다.

천하무적 철갑 비늘, 이심이

　굴봉산 중턱에 벼락바위가 있었어. 오래전에는 못된 이무기가 바위 아래에 있는 동굴에 살았지. 이무기는 사람도 괴롭히고, 산짐승들도 괴롭혀서 원성이 자자했어. 그래서 하늘에서 이무기를 벌하려고 벼락을 내리쳤는데, 그 흔적이 아직도 바위에 남아 있단다.
　이무기 시대는 끝나고, 벼락바위 아래 연못에는 이심이가 살고 있었어. 천하무적 이심이는 항상 마을을 내려다보면서 악한 기운이 들어오지 못하게 사람들을 지켜 주었지. 하지만 이심이가 처음부터 이렇게 강했던 것은 아니야.
　이심이는 작고 보잘것없는 물고기였어. 개울 속 바위틈이나 수풀 속에서 숨죽이고 살았지. 이심이들은 크고 작은 물고기들에게 눈에 뛰는 대로 잡아먹혔기 때문이야.

어느 날이었어. 잡아먹으려고 쫓아오는 물고기에게 혼쭐이 난 어린 이심이 한 마리가 큰 각오를 했어.

"아무 잘못도 없는데 우리는 왜 매일매일 숨어서 살아야 해?"

어린 이심이는 이유없이 자기를 괴롭히는 물고기들에게 저항하며 죽기 살기로 싸웠지. 그런데 같은 이심이들이 어린 이심이를 나무랐어.

"우린 원래 약하게 태어났어."

"큰 물고기와 싸웠다간 우리만 죄다 죽어. 넌 참 철이 없구나."

"분수를 알아야지. 왜 이상한 생각을 하는지 모르겠네. 참, 유별나."

모두가 어린 이심이를 한심한 눈빛으로 보았지.

"칫, 두고 봐. 난 저항을 멈추지 않을 거야!"

어린 이심이는 힘들어도 이를 악물고 버텼어.

드디어 싸움에서 이긴 날이야.

"이심이 따위에게 지다니. 말도 안 돼! 저놈은 이심이가 아닐 거야. 이심이는 절대로 덤비지 않잖아?"

싸움에서 진 물고기는 주변 물고기에게 핑계를 댔어.

어린 이심이는 싸움에서 이기자 심장이 터져 버릴 것 같았지. 모두가 자랑스러워할 줄 알았는데 아무도 믿지 않았어. 이심이는 힘이 빠졌지만 그래도 포기하지 않았지.

"오늘은 유난히 아프네."

싸울 때 비늘이 떨어져 나간 자리가 아팠어. 자세히 보니 새 비늘이 돋아나고 있었지. 그런데 얇디얇은 이심이 비늘과는 다른 철갑 비늘이었어.

그 뒤로 이심이가 싸움에서 이길 때마다 철갑 비늘이 한 개씩 돋아났어. 이심이는 더 용기가 생겨났고, 이 이야기는 계곡 전체에 퍼졌지. 그러자 큰 물고기가 이심이와 겨루러 찾아와 시비를 걸기도 했어.

그렇게 이심이는 몇 백 년을 싸웠지. 이심이 몸은 철갑 비늘로 덮이고, 몸은 이무기만큼 커졌어. 머리는 옥돌처럼 단단해지고, 수염은 쭉 뻗어 천하무적이 되었지.

이제 아무도 이심이가 나약하고 어린 이심이였다는 걸 알지 못해. 바위틈에 사는 다른 이심이들도 이심이를 알아보지 못했지.

"언제든지 변할 기회가 있어. 지금 바로 시작해 봐."

"말도 안 돼요. 누구보다 크고, 힘도 세고, 강하니까 그런 말을 하죠. 우리는 안 돼요. 태어나길 세상에서 가장 못난 존재로 태어난 걸요."

이심이는 생각을 바꾸지 않는 이심이들이 안타까웠어. 하지만 모른 척할 수는 없어서, 이심이들을 괴롭히고 잡아먹는 큰 물고기를 막아 주었지.

그렇게 수천 년이 지났고, 더 이상 두려울 것이 없게 된 이심이는 번쩍이는 눈으로 천 리를 꿰뚫어 보았어.

어느 날, 하늘에서 우렁찬 목소리가 들려왔어.

"용이 되어 승천하거라."

기뻤어. 모두가 업신여기던 이심이로 태어났지만 용이 되어 천상으로 갈 수 있게 되었으니 말이야. 하지만 이심이는 고개를 가로저었어.

"용이 되지 않겠습니다. 세상에 있는 약한 이를 지켜 주며, 옳은 것과 그른 것을 가르치며 이 세상에 머물겠습니다."

이심이는 하늘이 아닌 벼락바위 아래 동굴로 들어갔어. 그때부터 산속의 짐승들, 물속의 물고기들, 마을에 사는 사람들을 지켜 주었어.

이심이 이야기는 입에서 입으로 전해져 퍼져 나갔지.

"이심이를 얻으면 천하를 얻는다고 합니다."

가끔 욕심 많은 사람들이 이심이를 잡으려고 굴봉산에 올라와 구석구석을 뒤지기도 했지만, 아무도 이심이를 찾지는 못했어.

아주 가끔 이심이가 모습을 드러낼 때가 있대. 이심이는 지혜로운 이에게는 머리, 용감한 이에게는 가슴, 마음 착한 이에게는 꼬리가 보인다고 해.

어리석은 자가 보면 눈이 멀고, 약한 사람을 괴롭히거나 남을 속이는 사람이 보면 간이 녹고, 욕심에 사르잡힌 사람이 보면 심장이 썩어 버린대. 하지만 사람을 옳은 곳으로 이끄는 사람이나, 억울한 사람의 한을 풀어 주려는 정의로운 마음을 가질 때 가끔 이심이의 완전한 모습을 볼 수 있다고도 해.

지금 우리 세상에 철갑 비늘 이심이의 완전한 모습을 보았거나, 볼 수 있는 사람이 있을까?

* 이 이야기는 춘천 굴봉산과 백두대간을 따라 이어진 산간 지역에서 전설로 전해지고 있다.

네 번째 고개

구미호야,
　구미호야,
뭐 하니?

우리 옛이야기에는 구미호가 참 많다.
예쁜 처자와 혼인해서 홀어머니를 모시며 행복하게 사는데,
알고 보니 백 년 묵은 구미호였다.
이를 어쩌나! 구미호의 목적은 인간의 간을 빼먹는 것이다.
그래야 사람이 된다나.
그런데! 구미호의 이야기를 들어보니 우리가 오해하고 있었다.
사람의 간을 빼먹으려고 한 구미호가 착한 여우였냐고?
그게 아니라, 구미호는 요괴가 된 여우 중에 하나일 뿐이라고
은여우, 둔갑 여우들이 아우성이야.
자! 어떤 요괴 여우가 있는지 이야기 속에서 만나 보자.

작대기에 당한 둔갑 여우

새우 장사꾼이 고향으로 가는 길에, 날이 저물자 어느 제삿집에 들어갔다.

장사꾼은 제사 음식을 얻어먹고, 마당에서 돈내기를 하며 노는 사람들을 보았다. 장사꾼도 돈을 따 볼까 싶어서 놀이에 끼어들었다. 한데 가진 돈마저 홀랑 잃고 말았다.

"또 새우를 팔아야겠군. 평생 장사하면서 살 팔자인가 보다."

다음 날, 고개를 하나 넘어갈 때였다.

"좍좍좍~ 헤헤헤."

계곡 쪽에서 나는 소리가 궁금해서 장사꾼은 덤불에 숨어 소리가 나는 쪽을 살펴보았다.

'여우다!'

여우 하나가 좍좍, 해골바가지를 갈고 있었다. 해골을 간 여우가 해골바가지를 머리에 쓰자, 여우는 순식간에 할머니로 변했다.

'세상에나 여우가 사람으로 둔갑한다더니.'

여우는 지팡이를 짚더니 노인 흉내를 내면서 마을로 내려갔다. 장사꾼은 옆길로 앞질러 가서 일부러 여우와 마주쳤다.

"할머니, 어디 다녀오십니까?"

장사꾼은 친한 사람인 것처럼 인사했다.

"자네는 어디 다녀오는 길인가?"

여우도 장사꾼처럼 알은체하며 되물었다.

"돈을 잃어버려 장사도 못 하고, 그냥 여기저기 돌아다니고 있습니다."

"그럼 배가 고프겠구먼?"

"아, 네······."

"나 따라가세. 조카딸네 집에서 잔치를 하는데, 한 상 차려 줄 걸세."

"예, 고맙습니다."

장사꾼은 여우를 따라 마을로 들어갔다. 여우는 자연스럽게 잔칫집으로 들어갔다.

"여기에 앉게."

여우가 잔치에 온 사람들 사이에 빈자리를 가리키며 말했다.

"이모할머니 오셨어요."

여우가 안채 가까이 가자 가족들이 나와서 할머니로 둔갑한 여우를 맞이했다.

'저 교활한 여우 좀 보게. 이모할머니라고?'

사람들은 여우를 안방으로 모시고 푸짐한 밥상을 들였다. 여우는 고기만 먹고, 떡과 밥은 장사꾼에게 주었다. 배고픈 장사꾼은 그것들을 먹으며 여우를 지켜보았다.

'둔갑 여우라면 다른 능력도 많겠지. 한밤중에 사람들을 해코지하면 어쩌지?'

날이 저물자 슬슬 걱정이 된 장사꾼은 지게를 받치던 작대기 끝에 뾰족한 쇠를 박았다.

"이보시오들. 내가 밥을 잘 얻어먹었으니 보답하겠습니다. 지금 짐승 한 마리를 잡으려고 하니 놀라지 마십시오. 내가 전국을 돌아다니면서 귀한 것을 얻었는데, 바로 이 작대기라오. 작대기를 휘둘러 못된 짐승을 잡지요. 자, 모두 비켜 보십시오."

방에 있던 사람들이 전부 비켜 주었다. 장사꾼은 그 틈을 타서 안방으로 들어가 아랫목에 누운 노인을 힘껏 때렸다.

"이놈아! 힘없는 늙은이를 왜 때리느냐!"

"네가 사람이냐? 여우지."

장사꾼은 있는 힘을 다해서 여우의 대가리를 때렸다. 노인이 몽둥이를 피하려고 이리저리 도망치는 바람에 해골바가지가 그만 벗겨지고 말았다. 노인은 순식간에 여우로 되돌아왔다.

장사꾼은 여우를 꽁꽁 묶어서 마당으로 끌고나왔다.

"우리 이모할머니는 어디로 가고 여우가 있습니까?"

잔칫집의 큰 며느리가 달려와서 물었다.

"이 여우가 잡아먹었습니다. 이모할머니의 해골을 쓰고 둔갑한 것입니다. 그러니 이 여우의 가죽을 벗겨서 복수하십시오."

"우리 집안이 모두 여우에게 당할 뻔했는데, 덕분에 살았습니다."

집주인은 장사꾼에게 돈을 내밀고, 제일 좋은 음식으로 상을 다시 차려 왔다. 얼마 전에 내기에서 잃은 돈보다 훨씬 많은 돈이었다.

욕심 많은 한 남자가 이를 보고 속으로 생각했다.

'저 작대기가 둔갑한 여우를 잡는다는 말이지? 저걸 사서 둔갑 여우를 잡아야겠다.'

남자는 장사꾼에게 다가갔다.

"이 작대기로 어떻게 여우를 잡소? 여우인지 사람인지 알아야 잡지 않겠소."

"잔칫집 앞을 지나는데 작대기가 찌르르, 울지 않겠소. 이 집에 여우가 있다는 뜻이고, 여우 쪽으로 삐죽삐죽 움직여서 알아차렸지요."

눈치 빠른 장사꾼은 부러 말을 지어 냈다.

"작대기를 나한테 파시오. 돈은 원하는 대로 드리겠소."

"내가 이 작대기 하나로 먹고사는 사람인데 어찌 팔겠소? 안 되오."

"값은 후하게 쳐줄 테니 무조건 파시오."

'얼씨구나, 나도 이제 부자가 되었네.'

욕심 많은 사내가 작대기를 탐냈고, 잇속 빠른 장사꾼은 후한 값에 작대기를 팔았다.

남자는 바로 짐을 싸서 잔칫집을 찾아 나섰다. 여기저기 다니다가 여러 달 만에 노인이 있는 잔칫집을 찾았다.

'오늘은 작대기가 움직이려나.'

남자는 작대기를 들고 잔칫집으로 들어갔다. 안마당에서 집 안을 살펴보니, 사랑방 아랫목에 백발의 노인이 앉아 있었다. 그 앞에는 상이 차려져 있고, 고기만 골라 먹는 것을 보니 영락없이 여우였다.

남자에게도 술상이 나왔다. 배가 고파서 밥을 먹고 술도 한 잔 마셨다. 날이 저물고 있었다. 작대기를 판 사람이 여우를 잡았던 것도 이때쯤이었다. 쥐고 있는 작대기가 파르르 떨리는 것 같았다.

남자는 벌떡 일어나서 사랑방으로 갔다.

"이보시오. 방에서 모두 나오시오!"

남자가 대뜸 외쳤다.

"무슨 일이오?"

"내가 오늘 여우 하나를 잡으려고 하니 모두 비키시오!"

남자의 당당함에 사람들은 영문도 모르고 방을 나왔다. 남자는 작대기로 노인을 마구 때리기 시작했다.

"에구! 왜 이러느냐?"

노인이 소리를 질렀다.

"이 여우야, 빨리 네 정체를 밝혀라."

무지막지한 작대기질에 노인은 정신을 잃어 버렸다.

"아이고, 어머니. 여봐라! 당장 관아에 알려 이놈을 잡아가게 해라."

여우를 잡겠다고 난리를 피우던 남자는 관아에 끌려가고 말았다.

* 이 이야기는 전북 정읍 지역에 전해지는 설화로 『한국구비문학대계』에서 찾아볼 수 있다.

여우 누이의 비밀

아들 셋을 둔 부자가 있었어. 하지만 부자는 귀여운 딸만 있으면 세상에서 부러울 게 없을 것 같았지.

"어떻게 하면 딸을 낳을 수 있을까?"

부자의 고민에 보따리장수가 들은 소문을 말해 주었어.

"여우골 근처에 절이 있는데, 치성을 드리면 원하는 일이 이루진다고 합니다."

부자는 곧장 여우골의 절에 가서 정성껏 백일기도를 드렸어. 백 일 후, 다시 집으로 되돌아가는 길이었지.

"이게 뭐야?"

여우고개를 막 넘는데 배가 불룩한 여우 한 마리가 길에 있네. 여우는 다친 것인지 도망가거나 달려들지도 않고 부자만 바라보았어.

부자는 기도의 효능이 사라질까 봐 괜히 부아가 나서 여우의 배를 발로 확, 차 버렸지. 발길에 차인 여우가 숲속으로 나뒹어진 채 깨갱거렸어.

"재수 없이 여우가 나타나다니."

부자는 얼른 고개를 넘어 집에 돌아왔어.

일 년 후, 부자는 드디어 딸을 낳았고, 부모는 딸만 애지중지했어. 그래도 세 아들은 섭섭해하거나 질투하지 않고 어린 누이를 예뻐했어. 딸이 자라서 어느덧 아홉 살이 되었어.

어느 날, 갑자기 소 한 마리가 죽는 일이 생겼는데, 죽은 소는 다른 곳은 멀쩡한데 간만 없었어.

부자는 소동이 알려지는 게 싫어서 조용히 처리했어. 그런데 며칠 지나지 않아 또 소 한 마리가 죽었어. 이후로도 집 안의 가축이 죽는 일이 계속 생겨났지.

부자는 세 아들을 불렀어.

"밤사이 우리 집에 뭔가 들어오는 것 같구나. 너희도 이제 다 컸으니 집을 지켜야 하지 않겠느냐?"

부자의 말에 첫째 아들이 밤새 뜬눈으로 외양간을 지켰지만 아무것도 나타나지 않았어. 둘째 날 밤이 되자 첫째 아들은 살짝 졸리기 시작했어.

"바스락."

첫째 아들은 깜짝 놀라며 깼고, 외양간을 보다가 그만 소리를 지를 뻔했어. 누이가 외양간에서 휘리릭, 몇 바퀴 돌더니 여우로 변신한 거

야. 그러곤 날카로운 손톱으로 소 배를 갈라서 간을 빼먹네.

첫째 아들은 아침이 되자마자 아버지에게 자신이 본 것을 말했어.

"어제는 달이 뜨지 않아서 어두웠을 텐데 어떻게 똑똑히 볼 수 있었느냐? 누이만 예뻐한다고 누이를 모함하는 거냐?"

아버지는 도리어 첫째 아들에게 화를 냈어.

다음 날은 둘째 아들이 외양간을 감시했고, 둘째 아들도 첫째와 똑같이 말했어.

"너희들이 내 재산에 탐이 나는구나. 누이만 예뻐하니 불안하느냐? 고얀 놈 같으니라고!"

둘째 아들에게 화를 낸 아버지가 셋째 아들에게도 똑같은 일을 시켰지. 밤이 되어 셋째 아들이 외양간으로 가는데, 두 형이 불렀어.

"너마저 아버지에게 밉보여서야 되겠느냐. 오늘 밤에 무엇을 보든지 넌 아버지에게 못 봤다고 해라."

셋째 아들은 형들의 말을 새기며 외양간에 숨었다가 형들이 본 것을 보았어. 구미호가 간을 먹은 뒤에 피가 묻은 입가를 손으로 쓱 닦고는 휘리릭 돌아서 누이로 변신했지.

"너도 네 누이를 본 것이냐?"

다음 날 아침, 아버지는 셋째 아들에게 물었어.

"아버지, 하얀 구미호가 나타나 소 간을 빼먹고 사라졌습니다."

셋째 아들은 누이라는 말만 빼고 본 대로 이야기했어.

"어허, 구미호라니. 다 보기 싫으니 모두 집에서 나가거라."

세 아들은 아버지에게 쫓겨나고 말았어. 어디로 갈까 생각하다가

각자 흩어지기로 했지.

셋째 아들은 동쪽으로 한없이 걸어가다가 어느 절에 들어갔어. 거기서 스님의 가르침을 받으면서 부지런히 일했지.

어느덧 삼 년이 지났고, 셋째 아들은 집이 그리워 돌아가기로 했어.

"네 집이 무사하지 못한 것 같구나. 그냥 가면 너도 위험해진다."

집에 가려는 셋째 아들에게 주지 스님은 삼색 주머니와 튼실한 말을 내주었어. 급한 상황이 생기면 알려 준 대로 주머니를 사용하라고 했지.

"감사합니다, 스님."

셋째 아들이 마을에 들어서자 마을은 을씨년스러웠어. 마을은 텅 비었고 부자였던 집은 완전히 몰락했어. 집에는 누이 혼자 있었지. 셋째 아들이 돌아오자 누이가 웃으면서 달려왔어.

"왜 이제 오세요? 얼마나 기다렸는지 몰라요. 첫째 오라버니와 둘째 오라버니는 오래전에 왔다 갔어요."

그 순간 셋째 아들은 형님들이 이미 구미호에게 잡혀 죽었다는 것을 눈치챘어.

"집이 왜 이렇게 되었느냐?"

셋째 아들은 모르는 척 물었어.

"오라버니들이 떠나고 며칠 후에 어머니와 아버지가 갑자기 돌아가셨어요. 하인들도 하나 둘씩 죽어 가더니, 마을 사람들까지 계속 죽지 뭐예요. 저 혼자 남아서 오라버니가 오기만을 기다리고 있었어요."

누이는 셋째 아들의 팔을 잡고 방으로 이끌었어.

"잠시만 기다려라. 말을 묶어 놓고 오마."

셋째 아들은 얼른 밖으로 나와 말에 올라탔어. 서둘러 동쪽으로 달아났지만, 이내 구미호로 변한 누이가 바짝 쫓아왔지.

"네가 도망갈 수 있을 것 같으냐? 네 아비가 나를 발길질하여 배 속에 있던 내 새끼들이 죽었다. 내 새끼들의 원수를 갚아야겠다."

셋째 아들이 하얀 주머니를 던지자, 가시밭이 생겨 구미호 앞을 막았어. 가시가 온몸을 찔렀지만 구미호는 기를 쓰고 가시밭을 나왔지. 파란 주머니를 던지자, 큰물이 콸콸 쏟아지더니 구미호를 쓸어 갔어. 꿀꺽꿀꺽, 물을 먹으며 물속에 몇 번이나 처박히던 구미호가 죽을 둥 살 둥 물 밖으로 나왔지.

셋째 아들은 질겁해 빨간 주머니를 던졌어. 주머니가 구미호의 가슴팍에 탁, 맞더니 화르륵 불이 붙었어. 구미호가 불을 끄려고 훌쩍훌쩍 공중을 휘돌았지만 그럴수록 불은 더 크게 일었지. 얼마 지나지 않아서 구미호는 불에 타서 죽고 말았고, 셋째 아들은 불에 타고 남은 구미호 뼈를 추려 양지바른 곳에 묻었어.

"미안하구나. 내 아버지 때문에 너와 네 새끼들이 억울하게 죽었구나. 이제 원한은 잊고 좋은 곳에서 다시 태어나렴."

셋째 아들은 한때 예쁜 누이였던 구미호를 떠올리면서 마지막 인사를 했단다.

* 이 이야기는 한국구전설화와 『한국구비문학대계』 등 지역 설화에서 많이 찾아볼 수 있다.

떠꺼머리총각 덕칠이는 효성이 지극하기로 유명했다.

새벽마다 산에서 한 땔나무를 장에 팔고, 먹을 것을 사다 좋은 것은 어머니에게 드리고 어머니가 남긴 것은 자기가 먹었다. 이런 덕칠이를 동네 사람들은 잘 골려 먹었다. 덕칠이는 부지런하고 착하고 항상 웃는 낯이지만, 말이 어눌하고 머리도 둔하고 똑같은 장난을 해도 매번 당해 좀 바보 같았기 때문이다.

심심했던 동네 청년들이 덕칠이네 집으로 우르르 몰려왔다.

"덕칠아, 우리가 널 장가보내 주마."

"그래, 나도 장가 좀 가자."

덕칠이가 웃으면서 말하자, 청년들은 동구 밖 서낭당고개로 데려갔다.

"서낭당고개에서 종일 기다려야 해. 밤 열두 시가 될 무렵에 제일 마지막에 지나가는 여자가 너하고 혼인할 거야."

청년들은 킬킬거리며 서낭당고개에 덕칠이만 두고 가 버렸다. 바보 같은 덕칠이는 우두커니 앉아서 지나가는 사람들을 보았다. 종일 노인, 중년 부인, 어린아이 들이 고개를 지나갔다. 자정이 다 되어 갈 때였다. 한 여인이 나귀를 타고 서낭당고개를 넘어갔다. 덕칠이는 히죽 웃으면서 집으로 돌아왔다.

기분 좋은 꿈에 취에서 한잠 자고 있는데, 한밤중에 누가 찾아왔다.
"덕칠이 총각 있어요?"
덕칠이는 눈도 제대로 뜨지 못하고 밖으로 나갔다. 눈을 비비고 보니, 젊고 아름다운 여인이 다가와 절을 했다.
"갈 곳이 없습니다. 이 집에서 함께 살게 해 주세요."
"우리 집은 먹을 것도 없고 어머니도 있그, 어……."
"어제 마지막에 서낭당고개를 지나는 여인과 혼인한다고 했지요?"
덕칠이는 그렇게 여인과 혼인해서 살게 되었다. 야무진 여인과 부지런한 덕칠이는 사이가 좋았다. 집안도 점점 형편이 좋아지더니 곧 부자가 되었다.

여인이 챙겨 주는 덕칠이는 옷차림이 좋고, 몸도 단정해져서 이제 바보 같던 덕칠이는 상상할 수가 없었다.

동네 청년들이 덕칠이를 질투하기 시작했다. 질투는 의심으로 바뀌었다. 여인이 덕칠이 같은 바보의 아내가 된 것도 이상하고, 금세 부자

가 된 것도 수상했다.

"백 년 묵은 여우 짓이야."

청년들이 순진한 덕칠이 앞에서 여인을 비난했다.

"부인만 믿다간 언젠가 크게 화를 입을 거야."

"여우는 썩은 고기를 좋아하니까 아내 머리맡에 둬 봐."

동네 청년들의 말에 덕칠이 마음도 흔들렸다.

덕칠이는 썩은 고기를 아내 머리맡에 두고 일 보러 나가는 척 밖으로 나왔다. 얼마 후, 방문을 열자 아내가 썩은 고기를 먹고 있었다.

"여보!"

순간 아내는 여우로 변했다. 놀란 덕칠이가 마당으로 나뒹굴었다.

"난 산중에서 백 년 동안 수도한 여우예요. 오늘 보름달이 지기 전에 사람 간 하나만 더 먹으면 사람이 될 수 있었는데."

달빛에 비친 여우의 표정이 슬프면서도 차가웠다.

"사람 가, 간을 어떻게……."

"오늘 먹지 못하면 난 영원히 죽고 말아요. 여우는 영혼이 없어서 환생도 못 해요. 식구들은 건들지 않으려 했는데, 당신의 간을 줘요."

아내의 말이 믿기 힘들었지만 덕칠이는 열심히 생각했다.

"내가 가, 간을 안 주면……."

"동네 청년의 간을 먹어야지. 하지만 사람들이 여우의 남편인 당신을 살려 둘까요?"

덕칠이는 긴 숨을 쉬면서 저고리를 풀었다.

"당신 덕분에 난 잘 살았어. 내 간을 먹고 나보다 나은 당신이 사람으로 살아. 우리 어머니를 잘 부탁해."

죽음을 맞이하는 덕칠이에게 여우가 다가갔다. 여우는 선뜻 덕칠이를 죽이지 못하고 머뭇거렸다. 서서히 면동이 피려고 했다.

그때 언니 여우가 나타났다.

"뭐 하니? 시간이 없어. 어서 간을 먹어."

"언니, 서방님을 차마……."

"백 년을 기다렸는데 마지막 간을 못 먹고 죽겠다고? 사람들에게 잡아먹히고 멸시 받으면서 살았어. 넌 억울하지도 않아?"

언니의 재촉에도 아내는 꿈쩍하지 않았다. 그때 닭이 목청 높이 울었다.

"널 이해할 수가 없구나."

언니 여우가 사라지고, 아침 해를 받은 아내는 그대로 죽고 말았다.

"안 돼! 여보, 죽지 마. 여보!"

덕칠이는 죽은 아내를 부둥켜안고 울었다.

사람들은 덕칠이가 궁금해서 자꾸만 찾아왔다. 덕칠이는 말 많은 사람들이 귀찮고 싫어졌다. 아내였던 여우를 자리 좋은 땅에 묻어 주고, 덕칠이는 어머니와 마을을 떠나 버렸다.

* 이 이야기는 김포 등 우리나라 곳곳에서 전해지는 수많은 구미호 설화 중 하나이다.

절대 강자, 금강산 은여우

한양 변두리에 자신을 율곡이라 칭하는 선비가 있었어.

율곡 이이를 존경해서 자신의 호를 율곡이라 짓고, 율곡처럼 열심히 글공부를 했지. 하지만 서른 살이 되도록 작은 벼슬 하나 못 했어. 다행이 물려받은 재산이 있어서 가족이 먹고사는 데는 문제가 없었지.

어느 날, 율곡 선생이 새벽에 벌떡 일어났어. 세수를 하고 마당에 서서 흰 보름달을 한참 보더니 갑자기 방으로 들어와서 봇짐을 싸네.

"새벽에 깨달은 바가 있소. 금강산으로 가서 수행하고 오겠소."

이 말 한마디 하고선 율곡 선생은 홀연히 집을 떠났어. 길을 걷고 걷다가 날이 저물면 주막에서 자기를 몇날 며칠, 그렇게 금강산으로 향했어.

금강산은 깊이 들어갈수록 산세가 험하고 계곡도 깊었지.

"율곡."

누군가 율곡 선생을 부르기에 주변을 둘러봤지만 아무도 없었어.

"이상하군. 내 호를 아는 이가 없는데."

율곡 선생은 자신이 잘못 들었나 생각하며, 계곡에 있는 노인에게 다가갔어. 노인이 계곡 큰 못에서 낚시를 하고 있네.

"노인장, 고기가 많이 잡힙니까?"

"별로 잡지 못했소."

노인은 쳐다보지도 않고 낚시만 했어.

노인 옆에는 물고기가 담긴 바구니가 하나가 있었지. 잉어가 입을 버끔버끔하는데, 꼭 '율곡, 율곡' 하는 소리로 들리네.

율곡 선생은 잉어를 팔라고 했어. 노인은 팔지 않겠다고 했지.

"아픈 가족이 있는데 약으로 쓰고 싶습니다. 제발 부탁입니다."

노인은 할 수 없이 잉어를 팔았고, 율곡 선생은 그 자리에서 잉어를 놔주었어.

"뭐 하는 거요? 지금 나를 놀리는 거요?"

크게 화를 내는 노인을 뒤로하고, 율곡은 얼른 그 자리를 떠났어.

고개를 한참 넘어 가는데 큰 바위 사이에 집 한 채가 보이고, 백발의 할머니가 율곡 선생에게 말을 붙였어.

"기다리고 있었소. 어서 들어오시오."

할머니는 정갈한 밥상을 차려 내왔지.

"할머니는 왜 이런 깊은 산중에 혼자 계십니까?"

"금강산을 구경하러 왔지요? 내일 금강산 중에 제일 높은 곳을 구경시켜 줄 테니 오늘 밤은 푹 쉬시오."

할머니는 자기 말만 하고는 방에서 나가 버렸어.

다음 날 아침, 할머니와 율곡 선생은 금강산을 오르기로 했어.

"지금부터 고개를 절대 들지 말고, 내 뒤꿈치만 보면서 따라오시오."

할머니는 영문을 알 수 없는 말을 했어.

율곡 선생은 할머니의 단호한 기세에 고개를 끄덕이고는, 할머니의 발뒤꿈치만 보며 길을 따랐지.

얼마나 갔을까? 자꾸만 고개를 들고 싶네. 율곡 선생은 할머니의 눈치를 보며 살짝 고개를 들었어. 그랬더니 할머니는 온데간데없고 웬 여인이 서 있네!

"기다리고 있었습니다. 어서 들어오십시오."

여인은 율곡을 자기 집으로 이끌었어. 방 안으로 들어서자 여인은 아양을 떨면서 율곡 선생에게 안기려고 했어.

"저리 비키시오."

율곡 선생이 여인을 밀쳐 냈어. 여인은 픽 웃고는 밖으로 나가더니 금방 밥상과 술을 내왔어.

율곡 선생은 여인에게 좀 미안해졌어. 그래서 여인이 건네는 술을 한 잔 마셨지. 술은 한 번도 맛본 적 없는 아주 맛있는 술이었어. 하지만 여인을 경계하며 더는 술을 마시지 않았지.

"천하의 미인을 만난 것을 보니 내가 복이 많은가 봅니다. 같이 살

려면 고향에 있는 것들을 정리해야 합니다. 열흘만 기다려 주시오."

율곡 선생은 이곳을 벗어나기 위해서 여인의 비위를 맞춰 줬어.

"열흘 안에 반드시 와야 합니다. 약속을 지키지 않으면 화를 당할 것입니다."

여인은 무섭게 노려보며 말했어.

"사내대장부가 두 말을 하겠소?"

율곡 선생은 얼른 여인의 집에서 나와 산을 내려갔어. 그러자 바위 틈의 할머니 집이 보였지.

"큰 사람이 될 분이 내 말 하나 못 들었소? 그 여인은 몇만 년 묵은 금강산 은여우로 온갖 재주를 부린다오. 이제 선생은 그 여우한테서 벗어나지 못하오."

할머니는 혀를 차며 나무랐어.

"요물을 없앨 방법이 없습니까?"

"있긴 하지. 그런데 지난날에 해 놓은 일이여야 하오."

"그게 무슨 일입니까?"

"사람이든 짐승이든 죽을 것을 살려 준 일이 있는가?"

율곡 선생은 금강산으로 오는 중에 살려 준 잉어가 생각났어.

"잉어를 살려 준 못에 가서 큰 소리로 우시오."

할머니가 일러 준 대로 율곡 선생은 곧장 계곡 못에 가서 울고 또 울었어.

"선비님, 왜 그렇게 울고 있습니까?"

눈앞에 웬 동자가 서 있네.

"저를 기억 못 하십니까? 며칠 전에 살려 준 잉어입니다."

율곡 선생은 할머니가 시킨 대로 산에서 겪은 일을 말했어.

"용왕이신 제 아버지께 부탁해 보시지요."

동자는 율곡 선생을 데리고 바닷속 용궁으로 들어갔어.

"용왕의 아들을 살렸으니, 무슨 소원이든지 말하시오."

용왕이 반기며 율곡 선생에게 말했지.

율곡 선생은 금강산 여우를 없애고 화를 면할 방법을 물었어. 용왕은 어렵다는 말을 몇 번이나 하더니, 일단 금강산에 가 있으라고 했지.

율곡 선생은 동자의 도움으로 뭍으로 나와 할머니 집으로 갔어.

"무슨 일이 있어도 여우가 방 밖으로 나가지 못하게 하시오."

단단히 이르는 할머니를 뒤로하고, 율곡 선생은 여우 집으로 갔어.

율곡 선생이 돌아오자 여인은 매우 기뻐했어. 둘이 밤새 노는데 갑자기 천둥이 치고 안개가 끼네.

여인이 당황해서 나가려고 하자 율곡 선생이 막았어. 여인은 나가려고 하고, 율곡 선생은 못 나가게 하며 서로 옥신각신했지. 그러자 여인은 얼굴이 점점 노래지고 기운을 잃어 가는 거야. 율곡 선생은 여인이 안쓰러워 잠깐만 바람을 쐬라고 했지. 여인은 방에서 나갔다가 곧바로 들어오더니 비웃었어.

"그깟 재주로 나를 이기겠다는 거냐?"

여인이 종이에 글자를 써서 사방에 붙였어. 그러자 천둥이 멈추고 날씨가 맑게 갰지. 그제야 율곡 선생은 여인을 내보낸 것을 후회했어.

"부탁을 들어 줬으니 내 부탁도 들어 주시오. 닷새 동안 집에 다녀

와야겠소."

여인은 돌아오지 않으면 각오해야 한다며 보내 주었어.

율곡 선생은 곧바로 할머니 집으로 갔어. 할머니는 혀를 끌끌 찼어.

"쯧쯧, 어찌 그리 생각이 없소? 이제 다 틀렸소."

"정말 다른 방법은 없습니까?"

"방법이야 있지만 자네가 할 수 없는 일이네."

더 이상 말하지 않는 할머니에게, 율곡 선생은 염치도 없이 계속 졸라 댔어.

"말이나 한 번 해 보십시오. 제발."

"옥황상제를 만나 부탁하면 되지. 하지만 감히 자네가 옥황상제를 만날 수 있겠소?"

율곡 선생은 무조건 하겠다면서 할머니를 졸랐지. 할머니가 마지못해 알려 주었어.

율곡 선생은 잉어를 만났던 못에 가서 땅을 치며 또 통곡했어. 그러자 한참 만에 동자가 왔어.

"약속을 지키지 않은 선비님 때문에 아버지가 단단히 화나셨어요. 하지만 그리 슬피 우시니 은혜 갚는 마음으로 다시 간청해 보겠습니다."

동자와 용왕의 도움으로 율곡 선생은 묘수를 가지고 여인의 집으로 갔어.

율곡 선생이 여인을 붙들고 있는 사이 용궁의 군사가 여우를 처치하기로 했지. 한데 율곡 선생이 발버둥 치는 여인을 놔주고 말았어. 용궁 군사들이 여인을 잡으려는 순간, 여우로 변한 여인이 먼저 공격

하는 바람에 용궁 군사가 패하고, 병사들은 크게 다치고 말았어.

"죄송합니다. 용서해 주십시오. 제발 옥황상제를 만나게 해 주십시오."

율곡 선생이 눈물을 흘리며 간청해도 용왕은 거절했어.

"마지막으로 한 번만 더 도와주세요, 아버지."

동자가 간곡하게 부탁하자 용왕은 한참 생각하더니, 율곡 선생에게 금강산으로 가 있으라고 했어.

할머니 집에 도착하자 할머니가 율곡 선생에게 신신당부했어.

"여인이 벼락을 맞으면 하얀 은여우가 될 것이요. 자넨 그 여우를 절대로 손대지 마시오."

율곡 선생은 다짐하고 여인에게 갔어. 약속에 맞춰 율곡 선생이 돌아오자 여인은 반갑게 맞으면서 음식을 차려 왔지. 둘이서 이야기를 나누고 있는데, 하늘이 점점 어두워지고 여인은 벌벌 떨면서 몸부림을 쳤어. 그때 하늘에서 벼락이 쳤지. 율곡 선생은 너무 놀라서 기절하고 말았어.

한참 만에 깨어 보니 집도 없고, 여인도 보이지 않았어. 주변은 온통 하얀 꽃밭이었지. 그런데 꽃밭 한가운데 작은 은여우가 쪼그리고 있네! 율곡 선생은 너무나 귀여워서 만질 뻔했지만, 할머니의 당부가 생각나 꾹 참았지.

일부러 다른 곳을 둘러보고 한참 만에 왔는데 없을 줄 알았던 은여우가 그대로 있는 거야. 율곡 선생은 그만 여우를 쓰다듬고 말았지. 그러자 은여우가 사르르 녹아 파란 연기가 되더니 율곡 선생의 콧구멍으로 쏙 들어가 버렸네.

 움칫 놀라기는 했지만 율곡 선생은 여우가 사라진 것에 안심하고 할머니에게로 갔어.

 "요사스런 여우가 죽었으니 이제 안심해도 되오. 여우한테는 손끝도 대지 않았겠지?"

 할머니가 묻자 율곡 선생은 차마 거짓말을 할 수가 없어서 사실대로 말했어.

 "참 한심하오! 집에 돌아가서 세 달 동안은 절대로 부인과 같은 방을 쓰지 마시오. 만일 세 달을 채우지 못하고 아기가 생긴다면 마음을 굳게 가지시오. 아들이 태어나면 훌륭한 사람이 될 것이지만, 딸이 태어나면 화가 되니 눈을 꼭 감고 아이를 죽이시오. 그것만이 선생이 살 길이오."

 율곡 선생은 이번만큼은 꼭 지키겠다고 다짐했어. 그러면서 떠나는 마지막 순간에 궁금한 걸 물었지.

 "도대체 할머니는 누구십니까?"

 "금강산 산신이오. 수천 년 동안 금강산을 지켜 왔는데 몇만 년을 묵은 은여우 때문에 쫓겨나 숨어 있었소. 여우가 없어졌으니 나도 안심하고 금강산을 돌봐야지."

 이 말을 하고 할머니는 온데간데없어졌어.

 집에 온 율곡 선생은 자신이 저질렀던 어리석음을 잊지 않고 지냈어. 하지만 부인이 세 달이나 각방을 쓰는 이유를 자꾸자꾸 묻자, 두 달 만에 방을 합치고 말았지.

"아들을 낳으면 되지."

바람과 달리 부인은 딸을 낳았어.

율곡 선생은 눈을 감고 아기를 버리려고 했어. 그런데 자기 핏줄이 어떻게 생겼는지 궁금해서 아기를 보고 말았어. 눈앞에는 너무나 예쁜 아이가 입을 오물거리고 있었지. 율곡 선생은 그제야 금강산 산신이 왜 눈을 감으라고 했는지 알 것 같았어.

율곡 선생은 딸을 애지중지 어여삐 키웠어. 그런데 딸은 커 갈수록 이상한 일을 저지르고, 율곡 선생도 휘말리는 바람에 역적으로 몰려 처형되고 말았단다.

* 은여우 이야기는 『임석재 전집』의 「율곡과 금강산 괴호」에서 찾아볼 수 있다.

여우의 책과 선비

　게으른 선비가 있었다. 과거 시험에 아홉 번이나 떨어지고도, 또 보겠다고 하니 아내는 한숨만 나왔다.
　"마지막으로 과거를 보고 팔도강산을 돌아보고 오겠소."
　"에휴, 이번에 떨어지면 포기하고 일하셔야 합니다."
　아내는 마지못해 승낙하고 남편을 보냈다.
　선비는 과거에 떨어지고, 떠돌이 생활을 하다가 산속의 절에 다다랐다. 선비가 절에서 쉬고 있는데 스님 두 명이 다가왔다.
　"설이니 집에 좀 다녀오겠습니다."
　"마을에 볼일 좀 보고 오겠습니다."
　스님들이 나가고 절에는 선비만 남았다. 자정이 되자 누군가 절 문을 두드리더니, 고운 목소리가 들려왔다.

"날이 추운데 바람 좀 피할 수 있을까요?"

선비는 문을 열어 주었다.

"제게 좋은 술이 있으니 한 잔 드십시오."

여자를 수상히 여긴 선비는 술을 마시는 척, 몰래 옷에 버렸다. 상 밑을 보니 여자의 옷자락 끝에 여우 꼬리가 얼핏 보였다.

'간사한 여우가 인간으로 변신했구나.'

선비는 벌떡 일어나 여자의 팔을 묶어 자루에 넣었다.

"선비님, 제발 살려 주십시오. 저를 풀어 주시면 귀한 보물을 드리겠습니다."

"어림없는 소리! 놓아주면 나를 죽이겠지."

"아닙니다. 저를 풀어 주시면 귀한 걸 드리겠습니다."

"이런 수법으로 사람들을 꾀어냈구나."

"저를 정 못 믿겠으면 제가 알려드리는 곳으로 지금 가시지요."

선비는 반신반의하면서 여우가 든 자루를 메고, 여우가 말한 곳으로 갔다. 냇가에 다다르자 여우가 말한 대로 편편한 넓적바위가 있었다.

"바위 아래에 있는 동그란 돌을 들추면 책이 있을 겁니다."

정말 책이 있었고, 책에는 도술을 부리는 수많은 방법이 있었다.

"이제 저를 풀어 주십시오."

선비는 여우가 자신을 해코지할 것 같아서, 여우 자루를 메고 절로 돌아왔다. 그런데 절 문 앞에서 스님들이 서로 먼저 들어가라며 미루고 있었다.

"왜 그러시오?"

선비가 나타나자 스님들이 뒤로 나자빠졌다가 바로 일어나서 싹싹 빌었다.

"죄송합니다. 저희한테 설은 뭐고 가족은 무엇입니까? 여우가 사람 간을 먹는 것을 보았습니다. 서, 선비님을 여우에게 바치려고 거짓말을 했습니다."

스님들은 용서를 빌면서 선비가 절에 머물러 주기를 간청했다.

"뭐, 그러지요."

별다른 일을 찾지 못한 선비는 절에 머물렀다. 그렇게 몇 년이 흘러갔다.

어느 날, 집에 돌아가야겠다는 생각이 불쑥 들었다. 가는 길에 한 마을에 들렀는데 사람들이 죄다 힘들어 보였다.

"마을에 무슨 일이 있습니까?"

"욕심쟁이 사또가 모든 것에 세금을 매겨 우리 재산을 모조리 빼앗습니다."

"오늘 하룻밤만 묵어도 되겠습니까?"

"예. 주무셔도 되지만 보다시피 저희는 먹을 게 없습니다. 우리 식구도 며칠째 굶고 있습니다."

"제가 식량 문제를 해결해 드리겠으니 하룻밤만 재워 주십시오."

선비는 그 집에서 머물면서 여우의 책을 보았다. 그러곤 다음 날, 사또 집으로 갔다. 선비는 사람들이 드나들 만한 구멍을 만들고 사람들에게 일렀다.

"내일 사또가 쌀을 나눠 준다니, 와서 집집마다 한 가마씩 가져가시오."

사람들은 사또가 쌀을 준다는 게 이상했지만, 믿어도 손해 볼 거 없으니 사또네 광으로 모여들었다.

사또는 광에 가득했던 쌀이 없어진 것을 알고 화를 냈다. 하인의 말을 들으니 동네 집집마다에 사라진 쌀이 한 가마씩 있었다.

"감히 내 쌀을 훔쳐?"

다음 날 사또는 사람들이 드나들었다는 구멍으로 당장 찾아갔다. 그러자 한 선비가 서 있었다.

"고얀 놈, 왜 남의 재산을 훔쳐 갔느냐?"

"사또는 어째서 백성들의 재산을 훔쳤소? 말도 안 되는 세금을 붙여서 백성들 밥을 빼앗은 사또가 진짜 도둑이오."

"저, 저놈이! 잡아다 당장 처형하거라."

사또의 명령에 포졸들이 선비를 잡으려는 찰나 순식간에 선비가 사라졌다.

"선비를 찾은 자에게 상금 천 냥을 주겠다!"

마을 사람들은 은혜도 모르고 선비를 찾아 나섰다. 선비는 크게 실망하고는 무턱 대고 남을 도와주지 않기로 마음먹었다.

도망자가 된 선비는 여우의 책에서 애꾸눈 만드는 법을 찾았다.

"이상하다. 생긴 것이 맞는데……."

관문을 지키는 포졸이 죄수가 그려진 종이를 보고 갸우뚱하며 선비를 보내 줬다.

147

십오 년 만에 선비는 고향에 도착했다. 그런데 버려진 집 마당에는 풀만 무성했다.

"이 집에 살던 사람은 어디로 갔소?"

선비는 마을 사람에게 물었다.

"이 집 선비는 죽었는지 살았는지 연락도 없습니다. 이 집 부인은 재가하였고요."

선비는 여태껏 아내에게 무심했던 자신이 반성되었다.

"여우의 책만 아니었어도 일찍 돌아왔을 텐데."

선비는 자신이 여우를 잡은 줄로만 알았는데, 여우의 책에 마음을 뺏겨서 시간만 보낸 것을 뒤늦게 후회했다.

선비는 물어물어 아내가 산다는 집 앞에 섰다. 문을 두드리자 아내가 나왔다. 나이를 먹어 주름살이 늘었지만 분명히 아내였다.

"누구십니까? 저희 집에 어떻게 오셨습니까?"

아내는 선비를 알아보지 못했다. 선비가 아내 얼굴을 빤히 쳐다보았다. 선비의 눈빛에 그제야 눈치를 챈 아내가 물었다.

"이제 와서 어쩌겠다는 말입니까?"

"내가 잘못했소, 미안하오. 잘 사시오."

선비는 아내에게 마지막 인사를 하고 마을 주막으로 갔다. 하룻밤을 자고 떠나려고 할 때, 아내가 주막 앞에 있었다.

"아직도 과거 공부를 하시는지요?"

선비는 고개를 가로저었다.

"어디 가서 굶지나 마시오."

아내는 선비에게 돈주머니를 건네고 그대로 뒤돌아 가 버렸다. 선비는 여기저기 돌아다니면서 아내가 준 돈으로 장사를 했다.

어느 날 밤, 대문 두드리는 소리에 선비는 잠에서 깼다.

"계십니까? 하룻밤만 재워 주십시오."

젊은 여자가 안쓰러워 선비가 방을 하나 내주었다.

"선비님, 제 책을 한 번 볼 수 있습니까? 저보다 뛰어난 선비는 처음 보았습니다. 밤새 읽고 돌려 드리겠습니다."

선비는 그 순간 여우가 생각났다. 자루에 넣어 두었는데, 어느 날 사라져 버린 여우.

"이제 그만 책을 가져가게."

선비는 책을 돌려주었다. 그리고 그날은 아주 편하게 잠들었다. 아침에 선비가 여우에게 갔더니 방은 텅 비어 있었다.

* 이 이야기는 경북 영덕군에 전해지는 설화로 『한국구비문학대계』에서 볼 수 있다.